COMPROMETIDO!

MARK BATTERSON

Escritor best-seller do New York Times

COMPROMETIDO!

Você está a um passo de iniciar uma vida completamente diferente

Vida

Vida

EDITORA VIDA
Rua Conde de Sarzedas, 246 – Liberdade
CEP 01512-070 – São Paulo, SP
Tel.: 0 xx 11 2618 7000
Fax: 0 xx 11 2618 7030
www.editoravida.com.br

Editor responsável: Marcelo Smargiasse
Editor-assistente: Gisele Romão da Cruz Santiago
Tradução: Juliana Kummel
Revisão de tradução: Andrea Filatro
Revisão de provas: Josemar de Souza Pinto
Projeto gráfico e diagramação: Claudia Fatel Lino
Capa: Arte Peniel

© 2013, Mark Batterson
Publicado originalmente nos EUA com o título
*All In: You Are One Decision Away from
a Totally Different Life,*
Copyright da edição brasileira © 2014, Editora Vida
Edição publicada com autorização contratual
de Zondervan (Grand Rapids, Michigan, EUA)

■

*Todos os direitos desta tradução em língua
portuguesa reservados por Editora Vida.*

PROIBIDA A REPRODUÇÃO POR QUAISQUER MEIOS,
SALVO EM BREVES CITAÇÕES, COM INDICAÇÃO DA FONTE.

■

Scripture quotations taken from *Bíblia Sagrada,
Nova Versão Internacional, NVI* ®.
Copyright © 1993, 2000 by International Bible
Society ®. Used by permission IBS-STL U.S.
All rights reserved worldwide.
Edição publicada por Editora Vida,
salvo indicação em contrário.

Todas as citações bíblicas e de terceiros foram
adaptadas segundo o Acordo Ortográfico da
Língua Portuguesa, assinado em 1990,
em vigor desde janeiro de 2009.

1. edição: nov. 2014

Dados Internacionais de Catalogação na Publicação (CIP)
(Câmara Brasileira do Livro, SP, Brasil)

Batterson, Mark
 Comprometido! : você está a um passo de iniciar uma vida completamente
diferente / Mark Batterson ; [traduzido por Juliana Kummel]. — São Paulo :
Editora Vida, 2014.

 Título original: *All in : you are one decision away from a totally different life.*
 ISBN 978-85-383-0309-1

 1. Comprometimento (Psicologia) – Aspectos religiosos – Cristianismo 2.
Vida cristã I. Título.

14-08965   CDD-248.4

Índice para catálogo sistemático:

1. Vida cristã : Cristianismo 248.4

*Dedicado à igreja que tenho a alegria
e o privilégio de pastorear,
National Community Church,
Washington, DC.*

Sumário

Agradecimentos 9

Parte 1
Agora ou nunca

1. Prepare o seu caixão 13
2. Evangelho invertido 15
3. Linha divisória 23

Parte 2
Comprometido

4. Ataque! 37
5. É apenas um teste 43
6. Queimem os navios 55
7. Penetra 69

Parte 3
Esforço máximo

8. Observadores da mureta de proteção 83
9. Suba o penhasco 89
10. Construa a arca 103
11. Pegue a sua aguilhada de bois 115

Parte 4
Tudo em todos

12. SDG 131
13. Jogue a sua vara no chão 139
14. Posicione-se 155
15. Trinta moedas de prata 169

Parte 5
Tudo ou nada

16. O ídolo que provoca ciúmes 185
17. Apenas uma decisão 199

Agradecimentos

Quando não houver mais nada para fazer ou dizer, quero ser famoso na minha casa. A minha família significa o mundo para mim. Por isso agradeço à minha esposa há vinte anos, Lora. E agradeço aos nossos três filhos — Parker, Summer e Josiah.

Tive a alegria de pastorear a National Community Church em Washington, DC, por dezessete anos, e não gostaria de estar em nenhum outro lugar fazendo nenhuma outra coisa. Sinto-me igualmente chamado a pastorear e a escrever, e a NCC tem graciosamente me dado oportunidade de fazer ambos. Por isso, dedico este livro à igreja que amo e sirvo como pastor. Este livro também foi inspirado em uma série de pregações feitas na nossa igreja. Essas pregações marcaram muitas pessoas que tomaram a decisão transformadora de entregar-se completamente a Jesus Cristo.

Agradeço de forma especial à nossa equipe e à liderança executiva — Joel Schmidgall, Heather Zempel e Christina Borja.

Escritores podem escrever um livro sozinhos, mas publicar um livro exige um trabalho de equipe. Agradeço à incrível equipe da Zondervan. Agradeço especialmente a John Sloan e Dirk Buursma, meus editores; Chriscynethia Floyd, Alicia Mey e a toda equipe de *marketing*; e a Tracy Danz por acreditar neste livro. Agradeço a John Raymond, Chris Fann e TJ Rathbun por produzirem o curso do livro e os recursos para igrejas. Também agradeço ao capitão Mike, a Jay e à tripulação que suportou muito frio para lançá-lo.

Por fim, agradeço a Esther Fedorkevich e a toda equipe da Fedd Agency por batalharem comigo por este livro.

Parte 1
Agora ou nunca

capítulo 1
Prepare o seu caixão

Há um século, um grupo de almas corajosas ficou conhecido como "missionários só de ida". Eles compravam os bilhetes de viagem apenas de ida para o campo missionário, mas não os bilhetes de volta. E, em vez de malas, eles arrumavam seus poucos pertences terrenos em caixões. Quando o navio deixava o porto, eles acenavam, despedindo-se de todas as pessoas que amavam e de tudo o que conheciam. Eles sabiam que nunca mais voltariam para casa.

A. W. Milne foi um desses missionários. Ele zarpou para as ilhas Novas Hébridas no Pacífico Sul sabendo muito bem que os moradores dali, canibais caçadores de cabeça, tinham martirizado todos os missionários que haviam chegado antes dele. Milne não temia por sua vida, pois ele já morrera para si mesmo. Seu caixão já estava preparado. Durante trinta e cinco anos, ele viveu com aquela tribo e a amou.

Quando morreu, os membros da tribo o enterraram no meio do vilarejo e gravaram na lápide o seguinte epitáfio:

> *Quando ele chegou, não havia luz.*
> *Quando ele partiu, não havia trevas.*

Quando foi que começamos a acreditar que Deus quer nos enviar a lugares seguros para fazermos coisas fáceis? Quando foi que passamos a acreditar que fidelidade é ficar de sentinela no forte? Que evitar riscos é mais seguro? Ou que há privilégios maiores do que o sacrifício? E que ser radical não é normal?

Jesus não morreu para nos manter em segurança. Ele morreu para nos tornar perigosos.

Fidelidade não é ficar de sentinela no forte. É avançar contra as portas do inferno.

A vontade de Deus não é um plano de segurança. É um plano ousado.

A entrega total da nossa vida à causa de Cristo não é radical. É normal.

É hora de deixar de viver como se o propósito da nossa vida fosse chegar em segurança até a morte.

É hora de nos rendermos completamente e entregarmos tudo o que temos àquele que é tudo em todos.

Prepare o seu caixão!

capítulo 2
Evangelho invertido

No século XVI, o astrônomo renascentista Nicolau Copérnico desafiou a crença de que a Terra era o centro do Universo. Copérnico afirmou que o Sol não girava ao redor da Terra, mas, sim, que a Terra girava em torno do Sol. A revolução copernicana virou o mundo científico de pernas para o ar ao virar o Universo do avesso.

De modo semelhante, cada um de nós precisa experimentar sua própria revolução copernicana. A mudança de paradigma acontece quando começamos a aceitar que o mundo não gira ao nosso redor. Mas essa ideia é difícil de digerir.

Quando nascemos, o mundo, de fato, gira ao nosso redor. Somos alimentados por cima e trocados por baixo. É como se o mundo inteiro existisse para suprir cada uma das nossas necessidades. E não há problema nisso, se você é um bebê de dois meses. Mas se você chegou aos 22 anos, é um problema!

Notícia de última hora: *Você não é o centro do Universo!*
Em essência, pecado é egoísmo. É entronizar-se — os seus desejos, as suas necessidades, os seus planos — acima de todo o resto. Talvez você ainda busque Deus, mas não o busca em primeiro lugar. Ele é o segundo, o terceiro ou o sétimo. Você pode cantar "Jesus, tu és o centro", mas o que realmente quer é que as pessoas se curvem diante de você enquanto você se curva diante de Cristo. É um tipo sutil de egoísmo que se disfarça de espiritualidade, mas não é cristocêntrico. É egocêntrico. Não se trata de servirmos à vontade de Deus, mas de Deus servir à nossa vontade.

Chamo esta situação de evangelho invertido.

Quem está seguindo quem

A maioria das pessoas na maior parte das igrejas pensa que está seguindo Cristo, mas eu não tenho tanta certeza. Elas podem pensar que estão seguindo Jesus, mas a realidade é que *elas convidaram Jesus para segui-las*. Elas o chamam de Salvador, mas nunca se renderam a ele como Senhor. Eu era uma dessas pessoas. Acredite, eu não queria dar um passo se Jesus não estivesse logo atrás de mim. Mas eu queria que Jesus me seguisse, servisse aos meus propósitos, realizasse a minha vontade.

Somente com 19 anos, quando me tornei calouro da Universidade de Chicago, é que passei pela minha revolução copernicana. Tudo começou com a seguinte pergunta: *Senhor, que queres que eu faça com a minha vida?* É uma pergunta perigosa de levar a Deus, mas não tão perigosa quanto *não* perguntar!

Eu estava cansado de ficar no comando. Para falar a verdade, eu não era muito bom em desempenhar o papel de Deus. Além disso, era exaustivo demais. Parei de tentar "me encontrar" e decidi buscar Deus. Por mais que eu lesse a Palavra, nunca era suficiente; eu levantava cedo para orar; e jejuei pela primeira vez na vida. Eu estava levando aquilo a sério. Na verdade, os negócios estavam perdendo a importância. Pela primeira vez na minha vida, eu estava colocando Deus em primeiro lugar.

No último dia das férias de verão, acordei ao amanhecer para caminhar e orar. A nossa família estava passando as férias no lago Ida, em Alexandria, Minnesota. O caminho poeirento pelo qual eu caminhava poderia ser o caminho de Emaús. O pasto que atravessei lembrava o deserto do Sinai com a sarça ardente. Depois de meses implorando, finalmente recebi a resposta ao meu pedido. Soube o que Deus queria que eu fizesse com a minha vida.

No primeiro dia do segundo ano de faculdade, fui até a secretaria da Universidade de Chicago e pedi para ser transferido para uma escola bíblica em Springfield, Missouri, a fim de me preparar para o ministério em tempo integral. O conselheiro vocacional pensou que eu estava louco, e a mesma postura exibiram alguns amigos e familiares meus. Desistir de uma bolsa de estudos integral em uma das melhores universidades do país não fazia muito sentido na prática. A atitude lógica e prática seria terminar a graduação na Universidade de Chicago e então ir para o seminário, mas eu sabia que aquele era o momento do tudo ou nada, do agora ou nunca. Eu sabia que precisava parar de querer me garantir de uma forma ou de outra, desistir do resto e me render a Deus.

Foi uma decisão angustiante? Sim. Alguma vez a questionei? Mais de uma! No entanto, a aventura de seguir Cristo só começou quando me rendi completamente. Naquele dia, parei de pedir a Jesus para me seguir e decidi segui-lo eu mesmo.

Deixe-me perguntar a você: *Quem está seguindo quem?*

Você está seguindo Jesus?

Ou será que você inverteu o evangelho ao pedir para Jesus seguir você?

Todos os anos, tenho o privilégio de falar a milhares de pessoas em igrejas e conferências por todo o país. A princípio, eu ficava chocado com a resposta que recebia a um convite simples feito a uma plateia *cristã*. Quando convido pessoas a seguirem Jesus, cerca de 50% respondem ao convite. O que surpreende em relação a esse percentual é o simples fato de que 100% das pessoas acreditavam que já seguiam Jesus. Mas não seguiam. Elas haviam invertido o evangelho. Tinham conhecimento, mas não haviam se rendido. Estavam metade dentro, metade fora.

No início, pensei que isso fosse uma anomalia. Como metade de nós poderia ter recebido o evangelho invertido? Agora, temo que esta seja a norma. E, se é mesmo, precisamos desesperadamente de uma norma nova.

Desafio santo

Mais de cem anos atrás, um pregador britânico lançou um desafio que mudaria uma vida, uma cidade e uma geração. Aquele desafio atemporal ecoa em todas as gerações: "O mundo ainda está por ver o que Deus pode fazer com um homem inteiramente consagrado a ele".[1]

O ouvinte original daquele chamado à consagração era D. L. Moody. Quando essas palavras soaram em seus ouvidos, elas não apenas foram transmitidas em sinapses e registradas no córtex auditivo. Elas atingiram em cheio a alma daquele homem. Aquele chamado à consagração definiu sua vida. E sua vida, por sua vez, definiu a consagração.

Foi o momento de rendição de Moody.

Será este o seu?

Em *The Circle Maker* [O homem que fazia círculos], o livro que antecede este título, escrevi sobre a importância da oração. Ela é a diferença entre o melhor que podemos fazer e o melhor que Deus pode fazer. Você precisa circular ao redor das promessas de Deus em oração da mesma forma que os israelitas circularam ao redor de Jericó. E continuar circulando até que Deus responda. Mas você não pode orar apenas como se tudo dependesse de Deus. Você também precisa agir como se dependesse de você. Você não pode apenas circular. Precisa fazer uma marca na areia também.

---

[1] Citado em MOODY, William R. **The Life of Dwight L. Moody.** New York: Revell, 1990. p. 134; v. FACKLER, Mark. The World Has Yet to See... **Christianity Today,** 1 jan. 1990. Disponível em: <http://www.ctlibrary.com/ch/1990/issue25/2510.html>. Acesso em: 11 fev. 2013.

Você está a apenas um passo de tomar uma decisão por uma vida totalmente diferente. Provavelmente, esta será a decisão mais difícil que você já tomou. Entretanto, se você tiver a coragem de entregar-se complemente ao senhorio de Jesus Cristo, não há como saber o que Deus poderá fazer. Tudo pode acontecer porque tudo está em Deus.

D. L. Moody deixou uma marca indelével em sua geração. No final dos anos 1800, seus sermões contribuíram para um grande despertamento mundial. E, mais de um século depois, sua paixão pelo evangelho continua a influenciar indiretamente milhares de pessoas por meio da Igreja Moody, do Instituto Bíblico Moody e da editora Moody Publishers.

Moody deixou um legado tremendo, mas tudo começou com um chamado à consagração. Começa sempre assim; e nada mudou. O mundo ainda está por ver o que Deus fará com o homem que for completamente consagrado a ele.

Por que não você?
Por que não agora?

Coisas incríveis

Sempre que Deus está prestes a fazer alguma coisa incrível na nossa vida, ele nos chama à consagraçaon. Esse padrão foi estabelecido pouco antes de os israelitas atravessarem o rio Jordão e conquistarem a terra prometida.

> *"Santifiquem-se, pois amanhã o Senhor fará maravilhas entre vocês."*[2]

Aqui está o nosso problema fundamental: *tentamos fazer a parte de Deus por ele.* Queremos fazer coisas incríveis para Deus. E isso parece muito nobre, mas estamos entendendo errado. Deus quer fazer coisas incríveis por nós. Esta é a parte dele, não a nossa. A nossa parte é

---

[2] Josué 3.5.

a consagração. É isso. E, se fizermos a nossa parte, Deus com certeza fará a dele.

Antes de lhe dizer o que é consagração, permita-me dizer o que não é.

Não é ir à igreja uma vez por semana.
Não é cumprir a hora devocional diariamente.
Não é jejuar durante a Quaresma.
Não é guardar os Dez Mandamentos.
Não é compartilhar a sua fé com os amigos.
Não é dar o dízimo a Deus.
Não é repetir a oração do pecador.
Não é se dedicar voluntariamente a um ministério.
Não é liderar um grupo no lar.
Não é levantar as mãos em adoração.
Não é partir em uma viagem missionária.

Todas essas coisas são boas, mas isso não é consagração. Consagração é mais do que mudança de comportamento. É mais do que conformar-se a um código moral. É mais do que fazer boas ações. É algo mais profundo, mais verdadeiro.

A palavra *consagração* significa *separação*. Por definição, consagração exige *devoção total*. É destronar a nós mesmos e entronizar Jesus Cristo. É o despojamento completo de todo interesse próprio. É dar a Deus poder de veto. É render *todo o nosso ser* a *tudo o que é dele*. É o simples reconhecimento de que cada segundo, cada medida de energia e cada centavo do nosso dinheiro é uma dádiva *de* Deus e *para* Deus. Consagração é um amor cada vez mais profundo por Jesus, uma confiança pueril no Pai celestial e uma obediência cega ao Espírito Santo. Consagração é tudo isso, e muito mais. Para simplificar as coisas, porém, vou apresentar a você a minha definição pessoal de consagração.

Consagração é *render-se completamente e entregar tudo o que você tem àquele que é tudo em todos.*

Comprometido

A minha maior preocupação como pastor é que as pessoas podem ir a igreja todas as semanas de sua vida e nunca se comprometer com Jesus Cristo. Elas podem seguir as regras e nunca seguir Cristo. Temo o barateamento do evangelho quando permitimos que as pessoas o comprem sem esforço algum. Nós o tornamos conveniente demais, confortável demais. Apresentamos Jesus às pessoas apenas o suficiente para ficarem entediadas, mas não o suficiente para sentirem a adrenalina santa que corre nas nossas veias quando decidimos segui-lo não importa quanto isso custe, para onde ele vá ou quando isso se dará.

O filósofo e teólogo dinamarquês Søren Kierkegaard acreditava que o enfado era a raiz de todo o mal. Em outras palavras, o enfado não é apenas entediante. É errado. Não podemos estar na presença de Deus e ficar entediados ao mesmo tempo. Seguir os passos de Jesus é qualquer coisa, menos enfadonho.

A escolha é sua — consagração ou enfado? É um ou outro. Se você não se consagrar a Cristo, ficará entediado. Se você não se comprometer, nunca entrará na terra prometida. Contudo, se você entregar todo o seu ser, Deus abrirá o rio Jordão para que você possa atravessar em terra seca.

Pare de tentar fazer a parte de Deus por ele. Você não precisa fazer coisas incríveis. *Coisas incríveis sempre começam com a consagração.* Ela é o catalisador por trás de todo crescimento espiritual, de qualquer causa do reino e de todo avivamento. E, assim como o incrível sempre começa com a consagração, a *consagração sempre acaba em algo incrível*.

Quando olhamos para trás, vemos que os momentos mais incríveis são aqueles em que nos entregamos totalmente. Isto é tão verdadeiro hoje quanto era no dia em que Abraão colocou Isaque sobre o altar, no dia em que Jônatas escalou um penhasco para lutar contra os filisteus e no dia em que Pedro saiu do barco e andou sobre as águas.

Nas páginas seguintes, veremos nas Escrituras vários momentos de entrega total que também são momentos de definição. Além disso, compartilharei histórias de pessoas comuns que estão fazendo uma diferença extraordinária com sua vida. Elas inspirarão você a arriscar mais, a se sacrificar mais e a sonhar mais.

Quanto mais sigo Jesus, mais me convenço desta verdade simples: Deus não faz o que faz *por causa* de nós. Deus faz o que faz *apesar* de nós. Tudo o que precisamos fazer é sair do caminho.

É simples assim. E por isso é tão difícil.

Permaneça humilde. Permaneça faminto.

Se você não tiver fome de Deus, está cheio de si mesmo. É por isso que Deus não pode encher você com seu Espírito. No entanto, se você se esvaziar, se morrer para si mesmo, será uma pessoa diferente quando chegar à última página deste livro. Enquanto eu escrevia este livro, orei para que Deus reescrevesse a sua vida. E isso começa quando você dá plenos poderes editoriais ao autor e consumador da sua fé. Se você abrir mão e deixar Deus assumir o controle, ele escreverá a história, a história dele, por meio da sua vida.

capítulo 3 | Linha divisória

"Negue-se a si mesmo, tome diariamente a sua cruz e siga-me." (Lucas 9.23)

No ano 44 d.C., o rei Herodes ordenou que Tiago, o Maior, fosse transpassado por uma espada.[1] Tiago foi o primeiro apóstolo a ser martirizado, e assim se iniciou o banho de sangue.[2] Lucas foi enforcado em uma oliveira na Grécia. O desconfiado Tomé foi cravado por lanças de pinheiro, torturado com pratos incandescentes e queimado vivo na Índia. No ano 54 d.C., o procônsul de Hierápolis mandou torturar e crucificar Filipe porque sua esposa se convertera ao cristianismo

---

[1] O martírio de Tiago é o único mencionado nas Escrituras. V. Atos 12.1,2.
[2] V. JEFFREY, Grant R. **The Signature of God.** Frontier Research, 1996. p. 254-257.

mediante a pregação do apóstolo. Filipe continuou a pregar quando estava na cruz. Mateus foi apunhalado pelas costas quando estava na Etiópia. Bartolomeu foi açoitado até a morte na Armênia. Tiago, o Justo, foi lançado do pináculo sudoeste do templo em Jerusalém. Depois de sobreviver à queda de 30 metros, foi espancado até a morte pela multidão. Simão, o Zelote, foi crucificado por um governador da Síria em 74 d.C. Judas Tadeu apanhou até morrer na Mesopotâmia. Matias, que substituiu Judas Iscariotes, foi apedrejado e em seguida decapitado. E Pedro foi crucificado de cabeça para baixo por pedido próprio. João, o discípulo amado, foi o único discípulo a morrer de causa natural, mas apenas porque sobreviveu à própria execução. Quando um caldeirão de óleo fervente não conseguiu matá-lo, o imperador Diocleciano o exilou na ilha de Patmos, onde o apóstolo viveu até sua morte em 95 d.C.

Todo cristão do século XXI deveria ler o *Livro dos mártires*, escrito por John Foxe. É um choque de realidade que põe os nossos problemas em perspectiva. O texto redefine risco e estabelece um modelo de sacrifício. Em comparação, muitos dos nossos riscos parecem um tanto inofensivos, e muitos dos nossos sacrifícios, um tanto imperfeitos.

O nosso normal é tão subnormal que o normal parece radical. Para os discípulos do primeiro século, *normal* e *radical* eram sinônimos. Nós transformamos essas palavras em antônimos.

Em Lucas 9.23,24, Jesus lançou um desafio aos discípulos. Ele queria saber quem estava dentro e quem estava fora. Ou, mais precisamente, quem estava *completamente comprometido*.

> *"Se alguém quiser acompanhar-me, negue-se a si mesmo, tome diariamente a sua cruz e siga-me. Pois quem quiser salvar a sua vida, a perderá; mas quem perder a sua vida por minha causa, este a salvará."*

Os discípulos viveram essa declaração literalmente. Nós pelo menos podemos tomá-la figuradamente. Não estou sugerindo que *morreremos* fisicamente por Cristo, mas *devemos* morrer para nós mesmos. Se Jesus foi pendurado em sua cruz, nós certamente podemos carregar a nossa! E essa não é apenas a nossa maior responsabilidade; é o nosso maior privilégio.

Qualquer coisa menor do que a rendição completa da nossa vida ao senhorio de Jesus Cristo é roubar de Deus a glória que ele exige e merece. Também é roubar de nós mesmos a recompensa eterna que Deus preparou para nós.

Não viveremos, no sentido mais pleno e verdadeiro, até morrermos para nós mesmos. E não nos encontraremos até nos perdermos na causa de Cristo.

É tempo de nos doarmos.

É tempo de apostarmos tudo em uma única carta.

Se Jesus não for Senhor de *tudo*, então Jesus não é *realmente* Senhor.

É tudo ou nada.

É agora ou nunca.

O evangelho americanizado

Nós americanizamos o evangelho ou espiritualizamos o sonho americano. Escolha o que preferir. Mas nenhuma das opções se aproxima do verdadeiro evangelho. Quando tentamos acrescentar algo ao evangelho, não o estamos aprimorando. Qualquer adição é, na verdade, uma subtração. O evangelho, em sua forma mais pura, já é o melhor que poderia ser.

Nós queremos Deus nos nossos termos, mas não é assim que chegamos a ele. Essa é a forma de alcançar uma religião falsa. De selecionar o que desejamos. É como recortar e colar. O resultado final é um falso deus que criamos à nossa imagem.

Só alcançamos um relacionamento com Deus nos termos dele. Você pode aceitar ou não, mas não pode mudar as regras do contrato. E você não iria querer fazer isso!

O apóstolo Paulo descreve o contrato que nos é apresentado da seguinte forma:

> *Deus tornou pecado por nós aquele que não tinha pecado, para que nele nos tornássemos justiça de Deus.*[3]

No momento em que nos curvamos ao senhorio de Jesus Cristo, todo o nosso pecado é transferido para a conta de Cristo e pago à vista. A nossa dívida foi pregada na cruz dois mil anos atrás! Mas isso representa apenas metade do evangelho. Misericórdia é *não* recebermos o que merecemos — a ira de Deus. Graça é recebermos o que *não* merecemos — a justiça de Cristo. E toda a retidão de Cristo — sua justiça — é transferida para a nossa conta. Em seguida Deus declara que não devemos mais nada.

É como se Deus dissesse: "Vou assumir a culpa de tudo o que você fez de errado e dar a você o crédito de tudo o que eu fiz de certo". Nada pode ser melhor do que isso, e por essa razão é que se chama evangelho. Não é apenas boa notícia. É a melhor notícia que poderia existir.

O evangelho não custa nada. Não podemos comprá-lo, nem merecê-lo. Ele somente pode ser recebido como um dom gratuito, uma gentileza da graça de Deus. Não custa nada, mas exige tudo. E é aí que muitos de nós empacamos, numa terra espiritual de ninguém. Somos cristãos demais para desfrutarmos do pecado, e pecadores demais para desfrutarmos de Cristo. Recebemos apenas informações de Jesus, mas não o suficiente dele para sermos transformados.

Queremos tudo o que Deus tem a oferecer sem abrirmos mão de nada. Queremos comprar, mas não queremos vender. Pensamos que, se entregarmos tudo o que temos a Deus, perderemos o que esta vida tem a oferecer. Isso é uma mentira. É a mesma mentira que a serpente contou a Adão e Eva no Jardim. Deus não esconde nada de você.

---

[3] 2Coríntios 5.21.

Você pode confiar no que diz a passagem em Salmos 84.11:

> [O Senhor] *não recusa nenhum bem aos que vivem com integridade.*

Se você não esconder nada de Deus, posso garantir o seguinte: Deus não esconderá nada de você. Mas é tudo ou nada.

É *tudo de você* em troca de *tudo de Deus*.

Sem sacrifício

Deixe-me colocar as cartas na mesa.

Eu não acredito que alguém possa sacrificar alguma coisa por Deus. Se recebemos em troca mais do que entregamos, sacrificamos de fato alguma coisa? A recompensa eterna sempre supera o sacrifício temporário. No último dia, no dia do julgamento, o nosso único arrependimento será com relação ao que não devolvemos a Deus.

Isso pode parecer contrário à nossa intuição, mas estou convencido de que é verdadeiro: o segredo para a autossatisfação é a autonegação. Autonegação quer dizer gratificação adiada. E, por adiada, não me refiro a dias, meses ou anos. Considere uma vida inteira. A nossa gratificação adiada na terra se traduz em glória eterna no céu.

A parte egoísta do nosso ser tem alergia à palavra *negar*. É difícil negar quando vivemos no berço do luxo. Na nossa cultura, não apenas toleramos a indulgência; nós a celebramos. Mas o problema fundamental da indulgência é que *o suficiente nunca é suficiente*. Quanto mais somos indulgentes em relação à comida ou ao sexo ou aos deleites da riqueza, menos desfrutamos dessas coisas. Somente quando nos *rendemos* totalmente a Deus é que descobrimos que a verdadeira alegria só pode ser encontrada no lado sacrificial da vida.

Não posso provar isso quantitativamente, mas sei que é verdadeiro: *quanto mais doamos, mais desfrutamos do que temos*. Quando damos o dízimo a Deus, desfrutamos 10% a mais dos 90% que nos restam. Também descobrimos que Deus pode fazer mais com 90% do que nós somos capazes de fazer com 100%. Se dobrarmos o dízimo, desfrutaremos 20% a mais dos 80% que nos restam! Um dos nossos objetivos como família é reverter o dízimo, vivendo com 10% e entregando 90%. Quando chegarmos lá, estou convencido de que desfrutaremos 90% a mais dos 10%. É a escala móvel da alegria.

A maioria de nós passa grande parte da vida acumulando coisas erradas. Compramos a mentira consumista de que *mais é mais*. Acreditamos erroneamente que, quanto mais dermos, menos teremos. Contudo, na economia de cabeça para baixo de Deus, a nossa lógica é retrógrada. Nós acabamos perdendo tudo o que guardamos e acabamos guardando tudo o que perdemos pela causa de Cristo.

Lembro-me de uma pequena rima que servia de regra no parquinho quando eu era criança: *quem encontra, guarda; quem perde, chora*. No Reino de Deus, acontece exatamente o oposto: *quem encontra, chora; quem perde, guarda*.

O jovem rico

Em teoria, o jovem rico era um exemplo de religiosidade.[4] Entretanto, religiosidade e hipocrisia andam de mãos dadas. Na realidade, o jovem rico é o antítipo da plena rendição, e sua vida serve de advertência: *se não entregarmos tudo a Deus, perderemos tudo o que Deus quer fazer em nós, para nós e por nosso intermédio*. É claro que a recíproca também é verdadeira.

Não encontrei muitas pessoas possuídas por um demônio, mas encontrei muitas pessoas possuídas por seus bens. Elas não possuíam as coisas. As coisas as possuíam. E isso com certeza se aplica ao jovem rico. Ele tinha tudo o que o dinheiro poderia comprar. E tinha a vida inteira pela frente.

---

[4] Lucas 18.18-30.

E tomava as próprias decisões. Mesmo assim, alguma coisa estava faltando. O vazio em sua alma se evidenciou na pergunta que ele fez a Jesus:

"O que me falta ainda?".[5]

O jovem rico possuía tudo o que alguém pode desejar. Ele era rico. Era jovem. E estava em uma posição de poder. O que mais poderia desejar? O que poderia estar lhe faltando? E por que ele era tão infeliz? A resposta é simples: ele estava *seguindo as regras,* mas não estava *seguindo Jesus.* E penso que isso se aplica a muitas pessoas em muitas igrejas.

O jovem rico pode estar entre as pessoas mais religiosas nas páginas das Escrituras. O texto nos revela que ele guardava *todos* os mandamentos. Ele não fazia nada errado, mas podemos não fazer nada errado e mesmo assim não fazer nada certo. Por definição, retidão é fazer algo certo. Nós a reduzimos a não fazer nada de errado.

Nós nos fixamos em pecados de comissão: *não faça isso, não faça aquilo — e você estará bem.* Mas isso é santidade por subtração. É mais hipocrisia do que santidade! São os pecados de omissão, o que deveríamos e o que poderíamos ter feito, que despedaçam o coração do nosso Pai celestial. Como eu sei disso? Porque sou um pai terreno! Eu gosto quando os meus filhos não fazem nada errado, mas gosto mais ainda quando fazem algo certo.

O Pai celestial está preparando antecipadamente boas obras com os nossos nomes nelas gravados. Ele está ordenando os nossos passos. E ele pode fazer infinitamente mais do que tudo o que podemos pedir ou imaginar. Só que não podemos simplesmente ficar na defensiva. Precisamos atacar! Não podemos simplesmente não fazer nada de errado. Não podemos apenas seguir as regras. Precisamos seguir Jesus.

A história do jovem rico é uma das mais tristes da Bíblia, pois ele tinha muito potencial. Ele poderia ter investido seus recursos, sua rede

---

[5] Mateus 19.20.

de contatos e sua energia nas causas do Reino, mas gastou tudo consigo mesmo. Achou que era isso que o faria feliz, mas foi exatamente o contrário. Essa situação revela que o nosso *maior recurso* se torna a nossa *maior dívida* se não o empregarmos para os propósitos de Deus!

O jovem rico acabou se tornando o velho rico. Não sei o que suas sinapses transmitiam quando ele estava em seu leito de morte, mas tenho um pressentimento. Era o momento em que Jesus dissera: "Siga-me". Essas palavras ecoaram nos ouvidos daquele homem até o dia de sua morte. Fora uma oportunidade única, mas ele não tivera coragem de segui-lo. Ele fechou a mão em vez de dobrar a oferta.

A importância de entregar tudo é vista também na parábola dos talentos.[6] O homem que recebeu um talento o enterrou. Mais tarde, ele devolveu exatamente o que o seu senhor lhe entregara. E, para ser honesto, isso não é tão ruim em uma recessão. O homem não devia nada. Todavia, Jesus o chamou de servo *mau*.

Parece uma reação um tanto exagerada, não? Na verdade, eu ficaria tentado a agir como Pedro, puxando Jesus de lado e lhe dizendo para pegar mais leve. Entretanto, pensar que Jesus está errado revela que há algo de errado comigo — geralmente uma prioridade ou perspectiva errada. Significa que não estou entendendo corretamente. O homem que enterrou o talento não estava disposto a apostar em Deus. Ele nem mesmo investiu o recurso. E esse é o ponto da parábola: ter fé é apostar todas as suas fichas. Não adianta você querer se garantir deixando uma ou duas fichas de lado. É tudo ou nada. E foi isso que Jesus desafiou o jovem rico a fazer.

> *"Se você quer ser perfeito, vá, venda os seus bens e dê o dinheiro aos pobres, e você terá um tesouro nos céus. Depois, venha e siga-me."*[7]

---

[6] Mateus 25.14-30.
[7] Mateus 19.21.

Acumule experiências

Seja honesto, você já ficou com pena do jovem rico? Uma parte de mim pensa que Jesus estava pedindo demais. *O Senhor tem certeza que quer pedir tudo? Por que não começa com o dízimo?* Mas Jesus ataca a jugular. Ele pede ao jovem rico para entregar tudo. Por quê? Porque ele amava tanto o jovem rico que não podia pedir nada menos!

Nós olhamos para o que Jesus pediu que o jovem rico *entregasse*, mas não consideramos o que Jesus *ofereceu* em troca. O Senhor convidou o jovem rico para segui-lo. E é aí que deveríamos ficar abismados.

Vivo na capital mundial do estágio. Milhares de jovens na casa dos 20 anos se reúnem na capital da nação todos os verões, porque o estágio certo com a pessoa certa pode abrir a porta certa. Tudo se trata de construir o currículo. Ouso dizer que ninguém na história da humanidade recebeu uma oportunidade melhor de estágio do que a proposta feita por Jesus ao jovem rico. Um estágio com o Criador do céu e da terra? Convenhamos, isso contaria muito numa seleção de emprego. Que referências ele teria! Mas o jovem rico disse *não*.

Então, se você sente pesar pelo jovem rico, não deveria ser porque Jesus lhe pediu para desistir de tudo, mas por causa da oportunidade que o rapaz desperdiçou. O pedido de Jesus não era nada, comparado ao que jovem receberia em troca. O jovem rico possuía tudo o que o dinheiro podia comprar, mas isso não tinha valor algum em comparação com as experiências inestimáveis que viveria seguindo Jesus.

Em uma época na qual a maioria das pessoas nunca viajava além de um raio de 50 quilômetros de sua casa, Jesus enviou os discípulos aos confins da terra. Aqueles pescadores sem estudo, que teriam passado a vida inteira ao redor do mar da Galileia, viajaram por todo o mundo antigo e o viraram de cabeça para baixo.

Pense sobre as experiências que eles tiveram durante os três anos de estágio com Jesus. Eles acamparam, caminharam, pescaram e navegaram com o Filho de Deus. Ocupavam lugares reservados em todos os sermões que Jesus pregou e permaneciam com ele nos bastidores. Eles não apenas testemunharam os milagres. Eles limparam, assaram e comeram os peixes da pesca milagrosa. Coloque isso na sua lista de coisas para fazer antes de morrer. Que valor você daria a andar sobre as águas? Ou a beber a água que Jesus transformou em vinho?

Os discípulos eram pobres em termos de posses materiais, mas acumularam experiências inigualáveis na história da humanidade. O jovem rico perdeu uma riqueza de experiências porque não conseguiu abrir mão de seus bens.

Não acumule bens; acumule experiências!

Sócio majoritário

Tenho um amigo de 95 anos chamado Stanley Tam. Há mais de cinquenta anos, Stanley tomou a decisão definitiva de se entregar a Deus sem restrições. Em uma das aquisições corporativas mais singulares, Stanley transferiu legalmente 51% das ações de sua empresa para Deus. Ele precisou contratar três advogados para isso, porque os dois primeiros pensaram que ele estava louco!

Stanley fundou a United States Plastic Corporation com um capital de 37 dólares. Quando ele entregou a empresa de volta a Deus, o faturamento anual era menos de 200 mil dólares. Mas Stanley acreditava que Deus abençoaria seu negócio, e ele queria honrar Deus desde o início.

Nesse ponto, muitos de nós já nos acharíamos o máximo. Mas não Stanley. Sentia-se culpado por reter os 49% para ele. Depois de ler a parábola sobre o mercador que vendeu tudo o que tinha para conseguir a pérola de grande preço, Stanley decidiu desfazer-se de todas as suas ações.

Amo as palavras diretas de Stanley: "Um homem pode comer apenas uma refeição de cada vez, vestir apenas um terno, dirigir apenas um carro. Tudo isso eu tenho. Não é o suficiente?".

Em 15 de janeiro de 1955, todas as suas ações foram transferidas a seu sócio majoritário, e Stanley passou a ser um empregado assalariado da empresa que ele fundou. Esse foi o momento em que Stanley apostou tudo em Deus. Daquele dia até hoje, Stanley abriu mão de mais de 120 milhões de dólares!

Gosto muito de contar a história de Stanley porque ele é um herói para mim. Também creio que é neste momento em que surgem os desafios. Você pode dizer que é totalmente comprometido, mas deixe-me olhar sua agenda e sua conta do cartão de crédito. Eles não mentem. A forma com que gastamos o nosso tempo e o nosso dinheiro são os dois melhores indicadores das nossas verdadeiras prioridades.

Jesus Cristo é a sua pérola de grande preço?

Ele é o seu sócio majoritário?

Linha divisória

O destino não é um mistério. É uma decisão. E você está a apenas um passo de tomar a decisão por uma vida completamente diferente. Uma decisão pode mudar completamente sua previsão financeira. Uma decisão pode alterar drasticamente um relacionamento. Uma decisão o pode conduzir em direção à saúde — espiritual, física ou emocional. E essas resoluções serão decisivas na sua vida.

Para Stanley Tam, o momento decisivo foi 15 de janeiro de 1955.

Para mim, foi o primeiro dia do meu segundo ano de faculdade, e desde então já tomei meia dúzia de resoluções decisivas. O dia em que colocamos todas as nossas possessões terrenas em um caminhão e nos mudamos para Washington, DC, sem garantia de salário e sem lugar onde morar. O dia em que a National Community Church decidiu inaugurar sua segunda sede sem saber onde seria. O dia em que Lora e eu assumimos um compromisso de fé que ia muito além do nosso orçamento.

Essas resoluções provaram ser momentos decisivos. Tomamos apenas algumas decisões desse tipo na vida, mas elas determinarão o rumo da nossa vida.

Que risco você precisa correr?

Que sacrifício você precisa fazer?

Este não é um livro para ser lido. É uma decisão a ser tomada. Se você ler este livro sem tomar uma resolução decisiva, perdi o meu tempo escrevendo, e você perdeu o seu tempo lendo. Em algum momento, em alguma página, você sentirá o Espírito Santo persuadindo-o a agir de forma decisiva. Não o ignore. Obedeça.

No meu livro *The Circle Maker* [O homem que fazia círculos], escrevi sobre a importância da oração. Ela é a diferença entre o melhor que podemos fazer e o melhor que Deus pode fazer. Você precisa circular ao redor das promessas de Deus em oração da mesma forma que os israelitas circularam ao redor de Jericó. Mas você não pode apenas fazer um círculo. Precisa também fazer uma marca na areia.

Você precisa colocar Isaque no altar como Abraão.
Você precisa jogar a sua vara no chão como Moisés.
Você precisa queimar o seu arado como Eliseu.
Você precisa escalar o penhasco como Jônatas.
Você precisa sair do barco como Pedro.

Há um momento em que é preciso deixar a cautela de lado.
Há um momento em que é preciso apostar tudo o que você possui.
Há um momento em que não há mais como voltar atrás.

Este é um destes momentos.
Esta é a sua hora.
É tudo ou nada.
É agora ou nunca.

Parte 2
Comprometido

capítulo 4 | Ataque!

Joshua Chamberlain era estudante de teologia e professor de retórica, não soldado. Contudo, quando o dever o chamou, Chamberlain respondeu. Ele galgou posições até se tornar coronel do 20º Regimento Voluntário de Infantaria do Maine, Exército da União.

Em 2 de julho de 1863, Chamberlain e seu regimento de 300 soldados eram tudo o que separava os confederados da derrota certa em um campo de batalha em Gettysburg, Pensilvânia.[1] Às 2h30 da tarde, o 15º e o 47º regimentos de infantaria do Alabama do exército confederado atacaram, mas Chamberlain e seus homens permaneceram firmes. Em seguida, seguiram-se um segundo, um terceiro, um quarto

---

[1] O termo confederado refere-se àqueles que apoiaram, nos idos de 1860, o movimento agrário e escravista iniciado pelos estados do Sul durante a Guerra Civil Americana. [N. do R.]

e um quinto ataques. No último, apenas 80 homens permaneciam de pé. O próprio Chamberlain fora derrubado por uma bala que atingira a fivela do cinto, mas ele logo se colocou de pé novamente.

Era seu encontro com o destino.

Quando o sargento Tozier informou Chamberlain que eles não receberiam reforços e que havia apenas mais uma carga de munição por soldado, Chamberlain sentiu que precisava agir decisivamente. O vigia, um jovem que se empoleirava no alto de uma árvore no Little Round Top, informou ao coronel Chamberlain que os confederados estavam se preparando para atacar novamente. O mais racional a fazer nesse ponto, sem munição e sem reforços, seria render-se. Chamberlain, porém, não estava inclinado a capitular. Ele tomou uma decisão definitiva que mudou a sorte da guerra e salvou a União. Com visão plena do inimigo, Chamberlain subiu na barricada de pedras e deu uma ordem. Apontando a espada, gritou: "Ataquem!".

Seus homens firmaram as baionetas e começaram a correr em direção ao exército confederado que os sobrepujava, e muito, em número. Eles os atingiram de surpresa com uma manobra inesperada para a direita. E, assim, em uma das vitórias mais improváveis da história militar, 80 soldados da União capturaram 4 mil confederados em 5 minutos.

O que parecia ser uma missão suicida salvou a União.

Os historiadores acreditam que, se Chamberlain não tivesse atacado, os rebeldes teriam conquistado a região mais alta. E aí teriam boas chances de vencer a batalha de Gettysburg. Se os confederados tivessem vencido essa batalha, há um consenso histórico de que teriam vencido a guerra. A coragem de um homem salvou o dia, salvou a guerra, salvou a União.

Isso me faz lembrar de um velho provérbio norte-americano intitulado "Por falta de um prego".

> Por falta de um prego, a ferradura foi perdida.
> Por falta de uma ferradura, o cavalo foi perdido.
> Por falta de um cavalo, o cavaleiro foi perdido.

Por falta de um cavaleiro, a mensagem foi perdida.
Por falta de uma mensagem, a batalha foi perdida.
Por falta de uma batalha, o reino foi perdido.
E tudo isso por causa da falta de um prego na ferradura do cavalo.

Aos olhos de Deus, coisas simples são muito importantes. Aprendi que, se fizermos as coisas simples como se fossem muito importantes, então Deus fará as coisas importantes como se fossem simples. É assim que o Reino de Deus avança. Comprometer-se totalmente significa ter a coragem de não olhar para trás. Assim como Eliseu, precisamos queimar o arado para que não haja possibilidade de retorno.

Incapacidade de não fazer nada

Depois da guerra, Joshua Chamberlain foi o 32º governador do Maine e reitor da faculdade em que se graduou, o Bowdoin College. Em 1893, trinta anos depois de seu ato de heroísmo, ele foi condecorado com a Medalha de Honra[2] pelo presidente Grover Cleveland por "defender sua posição em Little Round Top contra os repetidos ataques e avançar até Great Round Top".

Em seus últimos anos, Chamberlain referiu-se à guerra com as seguintes palavras: "Eu tinha dentro de mim a incapacidade de não fazer nada. Eu sabia que poderia morrer, mas também sabia que não morreria com uma bala nas costas".[3]

Incapacidade de não fazer nada!
Não foi esse o padrão que Jesus estabeleceu?

---

[2] Citado em Desjardin, Thomas A. **Stand Firm, Ye Boys of Maine:** The 20th Maine and the Gettysburg Campaign, 15th anniv. ed. New York: Oxford University Press, 2009. p. 148.
[3] Andrews, Andy. **The Butterfly Effect:** How Your Life Matters. Nashville: Nelson, 2010. p. 20-21.

Sozinho, ele virou o templo de pernas para o ar ao derrubar as mesas e expulsar os cambistas. Ele confrontou a hipocrisia dos fariseus. Ele expulsou os demônios de um homem possesso. E ele interrompeu a procissão de um funeral ao ressuscitar um jovem.

Jesus era qualquer coisa, menos passivo. Ele era a epítome da paixão. De fato, sua última semana de vida é chamada de "semana da paixão". Portanto, não levando em consideração os diversos tipos de personalidade envolvidos, seus seguidores deveriam ser as pessoas mais apaixonadas do Planeta. Estar comprometido significa desafiar o protocolo religioso em favor das paixões de Deus — como fez a prostituta que abriu um vidro de perfume e ungiu os pés de Jesus.

Quando perceberemos que a indecisão *é* uma decisão?

Quando aceitaremos que a falta de ação *é*, de fato, ação?

A igreja nunca deveria ser apenas um substantivo. E, quando ela se torna apenas um substantivo, passa a ser um desvio. A igreja deveria ser um verbo, um verbo de ação.

Há dois mil anos, Jesus deu a ordem de atacar, encarar os desafios!

E ele nunca tocou retirada.

Jogue no ataque

A despeito do que diz o velho ditado, a oportunidade *não* bate à porta! Você precisa bater na porta da oportunidade. E, às vezes, precisa derrubar a porta!

Não espere até que a oportunidade chegue. Você precisa ir encontrá-la.

Não deixe a vida acontecer. Faça-a acontecer.

Admiro a forma com que o meu amigo Bob Goff entrou para a faculdade de direito. Ele agora é dono do próprio escritório de advocacia e professor adjunto de direito na Pepperdine University, mas foi rejeitado quando se inscreveu pela primeira vez. Por isso, Bob ficou literalmente sentado na sala de espera do reitor durante o dia inteiro, todos os dias, por uma semana inteira. O reitor perguntou por que ele estava fazendo isso, e Bob respondeu: "Porque sei que você pode me admitir". Ele continuou batendo na porta, até que finalmente o reitor lhe disse para sair e comprar os livros!

Comprometer-se totalmente significa não aceitar um não como resposta.

É uma teimosia santa que não nos permite desistir!

É válido mencionar que Joshua Chamberlain disse que sua veia de teimosia foi o que o impediu de desistir, mesmo quando tudo parecia perdido. Referindo-se a si próprio na terceira pessoa, Chamberlain disse: "O líder não tinha muito conhecimento de táticas de guerra. Eu era simplesmente um homem teimoso, e essa foi a minha grande vantagem na batalha".[4]

Comprometer-se completamente é uma indisposição para desistir.

Não importa quantas vezes você é derrubado, você se levanta.

Não importa quanto a batalha é difícil, você não desiste de lutar.

Como veremos, Abraão creu contra a esperança de que teria um filho. E, quando Deus finalmente cumpriu uma promessa vinte e cinco anos depois, Abraão passou no teste dos testes ao colocar Isaque no altar.

Você renunciou a alguma coisa?

Talvez você tenha de voltar atrás e tentar novamente!

O fracasso não é o inimigo do sucesso. É seu maior e mais próximo aliado!

Eu poderia ter desistido depois de não conseguir um prédio para a igreja, mas me neguei a capitular. Eu poderia ter desistido de escrever depois de treze anos de falsos começos, mas me recusei a sacudir a bandeira branca.

---

[4] ANDREWS, Andy. **The Butterfly Effect:** How Your Life Matters. Nashville: Nelson, 2010. p. 20.

Há momentos na vida de todos nós em que somos tentados a abandonar os nossos sonhos e objetivos. Talvez você esteja sendo tentado a desistir do seu casamento ou dos seus filhos.

Aguente firme.

Isso também passará.

Mesmo que não venham reforços e a munição tenha acabado, você precisa encarar o problema, encarar *o* sonho, encarar o objetivo.

Pare de dar desculpas! Procure oportunidades.

Pare de jogar na defensiva e comece a jogar no ataque, a encarar o desafio.

Você precisa *encarar* o seu casamento.

Você precisa *encarar* as suas finanças.

Você precisa *encarar* a sua saúde.

Você precisa *encarar o* seu vício.

Você precisa *encarar os* seus filhos.

Você precisa *encarar* os seus objetivos.

Você precisa *encarar* as causas do Reino.

Você precisa *encarar* Jesus.

capítulo 5 | É apenas um teste

Passado algum tempo, Deus pôs Abraão à prova, dizendo-lhe: "Abraão!"

Ele respondeu: "Eis-me aqui".

Então disse Deus: "Tome seu filho, seu único filho, Isaque, a quem você ama, e vá para a região de Moriá. Sacrifique-o ali como holocausto num dos montes que lhe indicarei". (Gênesis 22.1,2)

É difícil digerir a história em que Deus ordena a Abraão que sacrifique seu filho Isaque. Como um Pai celestial amoroso poderia cogitar tal coisa? Não é apenas incompreensível; é completamente irracional. Entretanto, as histórias bíblicas que causam as maiores dissonâncias cognitivas na nossa mente lógica, com frequência, contêm as maiores revelações. Em vez de dissecarmos as Escrituras, precisamos permitir que ela nos disseque — os nossos pensamentos e as nossas atitudes, os nossos sonhos e os nossos desejos, os nossos medos e as nossas esperanças. Demasiadas vezes, encaramos histórias como esta como se Deus estivesse sendo testado, mas não é o caráter *dele* que está sendo posto à prova. É o *nosso* caráter que está em jogo. E é precisamente por isso que Deus nos testa.

Quem cresceu nos Estados Unidos entre os anos 1963 e 1997, ouviu a seguinte mensagem mais de uma vez: "Isto é um teste. Durante os próximos 60 segundos, esta estação realizará um teste do Sistema de Transmissão de Emergência. É apenas um teste".

Deus nunca teve a intenção de que Abraão sacrificasse seu filho. Era apenas um teste. Na verdade, Deus não permitiria a morte de Isaque. Simplesmente queria testar Abraão para verificar se ele estava disposto a obedecer a uma ordem tão inconcebível. As Escrituras nos dizem explicitamente: "Deus pôs Abraão à prova".[1] E Abraão passou no teste. É assim que se consegue um testemunho. Sem teste, sem testemunho. Portanto, na próxima vez em que você for testado, reconheça o que está acontecendo. Um teste é simplesmente uma oportunidade de obter um testemunho.

Eu não obtive um testemunho no seminário. Recebi excelente instrução, mas não passamos a ter um testemunho ouvindo uma aula, um sermão ou uma palestra no recinto confortável de uma sala de aula, igreja ou conferência. Obtemos um testemunho no deserto assim como Moisés, no mar da Galileia como Pedro, no monte como Abraão.

Campo de testes

De acordo com a tradição judaica, Deus aplicou dez diferentes provas a Abraão. Essa foi o exame final. Ela foi brilhante e especificamente

---

[1] Gênesis 22.1.

designada para testar se Abraão estava realmente comprometido. Era ser aprovado ou fracassar.

Deus nos testa por dois motivos principais.

Primeiro, é uma oportunidade para Deus se mostrar fiel a nós.

Segundo, é uma oportunidade para nos mostrarmos fiéis a Deus.

É por isso que nos devemos alegrar quando somos provados. As provações são os campos de testes. São a forma de nos graduarmos e avançar para a etapa seguinte no Reino de Deus. Conheço pessoas que já estão salvas há vinte e cinco anos, mas não têm vinte e cinco anos de experiência. Elas possuem um ano de experiência repetido vinte e cinco vezes. Estão frustradas com a fé, mas isso acontece porque não aprendem as lições que Deus está tentando ensiná-las.

Quando Abraão ergueu a faca, Deus sabia que Abraão estava totalmente comprometido com ele, pois se mostrou disposto a sacrificar o que tinha de mais precioso. E Deus provou que era o Deus que provê. Se Abraão não tivesse se entregado completamente, teria impedido Deus de prover um cordeiro nos arbustos. Afinal, Deus não pode provar sua fidelidade até exercitarmos a nossa fé. Como Abraão entregou tudo, porém, Deus pôde revelar-se como Jeová-Jireh, Deus é a nossa provisão.

De acordo com a tradição dos rabinos, o cordeiro que Deus proveu no monte Moriá foi criado ao entardecer do sexto dia da criação com o propósito específico de tomar o lugar de Isaque no altar. O cordeiro pastou sob a árvore da vida no jardim do Éden até o momento em que Abraão precisou dele. Não há fundamentos bíblicos para esta tradição, por isso ela pode ou não ser verdadeira. De qualquer forma, contudo, é uma figura de uma verdade literal. Muito antes de Deus lançar os fundamentos da terra,[2] ele antecipou e proveu tudo de que necessitaríamos. Precisamos apenas dar a Deus oportunidade de mostrar-se fiel.

Quando eu estava no seminário, tentei fundar uma igreja na região norte de Chicago. Na verdade, formulei um plano de vinte e cinco anos

---

[2] V. Efésios 1.3-14.

como parte do meu mestrado. O meu professor me deu A, mas Deus me deu um F. Não era plano dele. Era meu. Eu o construíra pelos motivos errados. Aquela igreja era o meu Isaque, e eu sabia que deveria colocá-la no altar. Quando aquele sonho morreu, Deus providenciou um cordeiro nos arbustos. Um dia eu estava folheando uma revista e li sobre um ministério em Washington, DC. Vi a reportagem de relance, assim como Abraão viu o cordeiro com o canto dos olhos. Fiz uma ligação telefônica que levou a uma visita, que por sua vez nos levou a empacotar todos os nossos pertences terrenos e a nos mudarmos para Washington, DC. Não tínhamos um lugar definido para morar, nem uma garantia de salário, mas tínhamos um sonho que ressuscitara.

Identifique o seu Isaque

Deus nunca tentará você. Não faz parte da natureza dele. Na verdade, ele promete uma rota de escape para cada situação de tentação. Mas posso assegurar-lhe uma coisa: Deus testará a sua fé. E esses testes não se tornarão mais fáceis. Eles ficarão cada vez mais difíceis à medida que as exigências aumentarem e, sem dúvida, esses testes giram em torno do que é mais importante para você.

Em que você encontra sua identidade?

Em que você encontra segurança?

Isso é o seu Isaque.

Deus testará você para ter certeza de que a sua identidade e a sua segurança se encontram na cruz de Jesus Cristo. E Deus irá atrás de qualquer coisa em que você confie mais do que nele até que você a coloque no altar.

Você não precisa viver com medo de que Deus tire o que você tem de mais importante. Afinal, Isaque foi um presente do próprio Deus para Abraão. Entretanto, se o presente se torna mais importante do que aquele que o deu, então esse mesmo presente que Deus deu para servir aos propósitos dele estará minando o plano divino para a sua vida. Deus deixa de ser propósito final e total em você. E, quando Deus passa a ser o meio para alcançar outro objetivo, é o começo do fim espiritual, porque invertemos o evangelho.

As dádivas de Deus são maravilhosas e arriscadas. Uma das minhas orações recorrentes é a seguinte: *Senhor, não permita que os meus dons me levem além do que o meu caráter possa me sustentar*. Ao cultivarmos os dons que Deus nos deu, podemos começar a depender desses dons em vez de depender de Deus. Nesse momento, a nossa maior força passa a ser a nossa maior fraqueza.

Foi Deus quem deu a Lúcifer beleza e uma bela voz.[3] Esses dons eram usados originariamente para glorificar a Deus. Então Lúcifer começou a se olhar no espelho e a refletir sobre a própria beleza. Ele glorificou o dom que recebera em vez de glorificar a Deus. A lição da queda de Lúcifer é a seguinte: *aquilo que não transformamos em louvor se transforma em orgulho*. Em vez de tributar louvor a Deus, Lúcifer deixou que o louvor alimentasse seu ego. Foi o desejo pecaminoso de ser elevado que levou Lúcifer à queda.

Quais são os maiores dons que Deus concedeu a você?

Quais são as oportunidades mais significativas dadas por Deus a você?

Que sonhos do tamanho de Deus o Espírito Santo concebeu no seu espírito?

Isso é o seu Isaque.

A morte de um sonho

Há alguns anos conheci Phil Vischer, o criador de *Os vegetais*.[4] Foi surreal ouvir a voz de Bob Tomate fora de um desenho animado, mas Phil é tão amigável quanto a personagem que ele criou. Phil iniciou com poucas possibilidades a ideia inspirada por Deus de criar uma empresa

---

[3] Alguns estudiosos deduzem de Ezequiel 28.13-17 que Lúcifer liderava o coral angelical no céu. Embora essa conclusão não possa ser provada, é uma interpretação possível.

[4] Série norte-americana criada em 1993, que utiliza a animação por computador para explorar temas evangélicos por meio da narração de dois vegetais. [N. do R.]

chamada Big Ideia, Inc. A produtora vendeu mais de 50 milhões de vídeos e faturou milhões de dólares, mas tudo acabou com uma ação judicial. Como disse o próprio Phil: "Catorze anos de trabalho passaram diante dos meus olhos, as personagens, as canções, o impacto, as cartas das crianças de todas as partes do mundo. Tudo isso passou diante dos meus olhos e, em seguida, tudo desapareceu".[5]

A Big Ideia declarou falência, e o sonho morreu uma morte dolorosa. Nessa época Phil ouviu um sermão que salvou sua alma. "Se Deus dá a você um sonho, o sonho ganha vida e Deus se revela nele e, depois, o sonho morre, talvez seja porque Deus quer saber o que é mais importante para você — o sonho ou ele."[6]

O que você ama mais: o sonho que Deus concedeu a você ou o Deus que deu o sonho?

O seu sonho é um *meio* para glorificar a Deus?

Ou o sonho passou a ser o objetivo final e Deus é o meio para realizá-lo?

Todos os sonhos que já tive passaram por uma morte e uma ressurreição. O sonho de fundar uma igreja precisou morrer para que pudesse ser ressuscitado de forma gloriosa. Por forma gloriosa, quero dizer simplesmente servindo para a glória de Deus. O mesmo é válido para o meu sonho de escrever. Sinto-me tão chamado a escrever como a pastorear, mas seis manuscritos foram enterrados vivos no meu *hard drive* antes que o meu primeiro livro, *In a Pit with a Lion on a Snowy Day* [Em uma cova com um leão em um dia de neve], fosse publicado.

E este livro também precisou passar por uma morte e uma ressurreição. Os editores me fizeram rasgar o primeiro manuscrito e escrever o livro inteiro de novo.

Os sonhos que Deus nos dá não nascem apenas. Eles renascem. Se eles se tornaram mais importantes do que Deus para você, é preciso

---

[5] VISCHER, Phil. **Me, Myself & Bob:** A True Story about God, Dreams, and Talking Vegetables. Nashville: Nelson, 2006. p. 196.
[6] Ibidem, p. 234.

sacrificá-los para o bem de sua alma. Você tem de colocá-los no altar e erguer a faca; e, uma vez que o sonho esteja morto e enterrado, ele pode ressuscitar para a glória de Deus.

O Criador dos sonhos

O Espírito Santo é o Criador dos sonhos. Assim como ele pairou sobre o caos no despertar da criação, ele domina sobranceiro toda a criação. O Espírito Santo é aquele que ativa as sinapses da imaginação no cérebro. Se você está andando lado a lado com o Espírito Santo, ele gerará em você um desejo do tamanho de uma única célula que terá o potencial de se tornar um sonho do tamanho de Deus, se esse desejo for alimentado pela oração. Os desejos santos são como as setas de orientação de uma bússola. Nunca sabemos como, quando ou onde uma paixão dada por Deus será gerada em nós, mas ela sempre aponta para o verdadeiro norte.

Há algum tempo encontrei John Kilcullen em uma conferência de escritores na qual compartilhamos as nossas histórias em sessões consecutivas. A jornada de John como escritor iniciou-se com um comentário casual que se transformou em uma paixão para a vida inteira: "Você tem algum livro simples sobre o sistema operacional da Microsoft — algo do tipo *DOS para leigos*?". Aquele pequeno desejo de simplificar um assunto complexo e torná-lo compreensível para o leitor comum se tornou uma série de livro, *For Dummies* [*Para leigos*]. Com mais de 1.600 títulos em 31 línguas, os livros *Para leigos* venderam mais de 60 milhões de cópias!

Prefiro ter uma ideia de Deus a ter mil boas ideias. Boas ideias são boas, mas ideias de Deus mudam o curso da História. Podemos ter boas ideias em muitos lugares diferentes — salas de aula, conferências e livrarias. No entanto, as ideias de Deus vêm de apenas um lugar — do próprio Espírito Santo.

Isaque foi ideia de Deus. Foi Deus quem fez a promessa a Abraão e concebeu a promessa dentro de Sara. Octogenárias pós-menopausa não ficam grávidas. Ponto final. Mas Deus sempre faz nascer o que ele mesmo concebeu se estivermos dispostos a passar pelas dores do parto.

O meu Isaque

Uma das minhas maiores convicções é que a igreja deveria ser o lugar mais criativo do Planeta. Há formas de conduzir a igreja nas quais ninguém pensou ainda. Essa força motriz é o que me faz acordar cedo pela manhã e o que me mantém acordado até tarde. E acredito que a minha paixão por fazer as coisas de modo diferente foi posta em mim pelo Espírito Santo. Não tenho dúvida de que foi Deus quem me chamou e me capacitou para servir como líder pastoral na National Community Church, mas isso também significa que a NCC é o meu Isaque.

Posso dizer honestamente que não gostaria de estar em nenhum outro lugar nem fazendo alguma outra coisa. Investi dezesseis anos de sangue, suor e lágrimas nesse sonho recebido de Deus chamado National Community Church, e oro para ter o privilégio de servir ali pelo resto da minha vida. Amo de todo o coração o que faço. Contudo, se eu amar a igreja mais do que amo a Deus, então aquilo que o próprio Deus me chamou para fazer já não estará mais servindo aos propósitos dele. Estará servindo aos meus propósitos.

Tenho uma idiossincrasia.

Nunca uso o pronome possessivo *minha* quando me refiro à National Community Church. Aprecio muito quando os membros da igreja se referem a ela como *sua* igreja, mas tenho cuidado para não fazer isso. Cristo é o pastor. Eu sou o pastor assistente. Sempre quero lembrar-me de que não se trata da *minha* igreja. É a igreja *dele*. É um dom de Deus e para Deus. Por isso evito empregar o pronome possessivo *minha*.

Para dizer a verdade, eu não posso realmente me referir a nada como *meu*! Nada pertence a mim: nem a casa, nem o carro, nem as roupas. Todo o bem material que eu e você possuímos é resultado de tempo, talento e recursos que Deus nos deu.

Quando nos ajoelhamos aos pés da cruz, o pronome possessivo é eliminado do nosso vocabulário.

Não há mais *eu, meu, minha, nosso, nossa*.

Os primeiros metodistas dedicavam-se inteiramente a Deus com uma oração de aliança. É válido adotá-la e adaptá-la.

> Não pertenço mais a mim, mas a ele. Coloca-me onde quiseres, junto com quem quiseres; separa-me para fazer, separa-me para sofrer; que eu esteja ocupado para ti, ou seja deixado de lado para ti, exaltado para ti ou humilhado para ti; permite-me estar cheio, permite-me estar vazio; deixa-me ter todas as coisas, deixa-me não ter nada; eu rendo livremente e de todo o coração todas as coisas para o teu prazer e proveito.
>
> E, agora, glorioso e bendito Deus, Pai, Filho e Espírito Santo, tu és meu, e eu sou teu. Que assim seja. E que a aliança que fiz na terra seja ratificada no céu. Amém.[7]

A quem você pertence

Onde a sua identidade se encontra: em *quem você é* ou *a quem você pertence*?

Essa distinção sutil faz toda a diferença no mundo, seja neste mundo, seja no vindouro.

Podemos fundamentar a nossa identidade em uma série de coisas: nos diplomas que conquistamos, na posição que ocupamos, no salário que recebemos, nos troféus que ganhamos, nos passatempos que apreciamos, na nossa aparência, no nosso modo de vestir ou mesmo no carro que dirigimos. Todavia, se fundamentarmos a nossa identidade em qualquer uma dessas coisas temporais, a nossa identidade será um castelo

---

[7] **The Book of Offices.** London: Methodist Publishing House, 1936. p. 57 [tradução livre].

de cartas. Há apenas um firme fundamento: Jesus Cristo. Se buscarmos segurança *naquilo que fazemos*, ficaremos sempre aquém do padrão de justiça estabelecido pelo Filho de Deus, que não pecou. A solução? O evangelho. Há apenas um lugar para encontrarmos a nossa verdadeira identidade e segurança eterna: *aquilo que Cristo fez por nós*.

Religião quer dizer *fazer*.

O evangelho quer dizer *feito*.

Rendição completa significa 100% de confiança na obra justificadora de Cristo. Não estamos falando em 99% graça e 1% boas obras. O problema é que a maioria de nós desejará o 1% de crédito pelos nossos acertos, mas ou *tudo* é graça ou *não* é graça. Não há crédito parcial. Não fazemos parte da equação da salvação. Não podemos confiar 99% em Jesus Cristo. Confiança é uma proposição de 100%.

É adição por meio de subtração.

Então o verdadeiro questionamento é: Do que você precisa desistir? O que você precisa colocar no altar? O que está entre você e Deus? O que alimenta seu ego? Onde você encontra segurança fora de Cristo?

Coloque no altar

Quanto mais duro trabalhamos por alguma coisa, mais difícil é abrir mão disso. E, quanto mais precisamos esperar, mais difícil é devolver. Por isso o momento definidor de Abraão é impressionante. Isaque era o sonho da vida inteira de uma mulher estéril chamada Sara e de um homem impotente chamado Abraão. Isaque era a promessa pela qual eles ansiaram durante vinte e cinco anos!

Quanto mais Deus abençoa você, mais difícil é impedir que essa bênção se transforme em um ídolo. O dinheiro talvez seja o melhor exemplo. Quanto mais dinheiro ganhamos, mais difícil é confiar no Deus todo-poderoso e mais fácil é confiar na moeda todo-poderosa. Se você é abençoado financeiramente, isso é uma dádiva de Deus. No entanto, Deus não nos abençoa financeiramente para que usemos esse recurso de forma egoísta a fim de adquirir mais coisas. Ele nos abençoa mais para que possamos ser mais bênção.

Você está disposto a abrir mão de tudo? Não apenas do que está na sua conta corrente, mas também da sua poupança, das suas aplicações financeiras e, se você tiver uma, até da sua conta num paraíso fiscal?

A nossa tendência é contestar tudo com declarações falhas. *Será que eu não deveria economizar para a aposentadoria? A Bíblia não diz que devemos deixar uma herança? Não devo ganhar dinheiro e poupar para o bem-estar da minha família?* Não estou dizendo que não devemos fazer nenhuma dessas coisas. Mas isso não me impede de fazer a pergunta-chave: Você está disposto a abrir mão disso tudo? Se não está, então talvez o seu ídolo seja um plano de aposentadoria, um fundo de investimento ou uma poupança para a universidade dos seus filhos.

Administrador

Tenho o privilégio de ser curador de uma pequena fundação de caridade que apoia novos ministérios. Desde sua criação, nós doamos mais de 2 milhões de dólares. A história é a seguinte. Jim Linen estava à beira da falência quando entrou em uma reunião de oração em 1985. Nesse dia Jim colocou seu Isaque — a Des Plaines Publishing Company — no altar. Ele sabia que Deus precisaria fazer um milagre para ressuscitar o negócio, por isso Jim fez um acordo com seu sócio. Se Deus abençoasse o negócio, Jim prometeu criar um fundo fiduciário que investiria nas causas do Reino. Esse foi o momento de comprometimento completo de Jim. Ele chegou até a contratar um seguro de vida indicando o fundo fiduciário como beneficiário.

Em 2 de julho de 1989, Jim morreu tragicamente quando estava em Londres para assistir ao torneio de tênis de Wimbledon. Sua vida na terra chegou ao fim, mas seu legado estava apenas começando. Como Jim colocara seu Isaque no altar, centenas de ministérios receberam um capital inicial que, por sua vez, abençoou milhares de pessoas em todo o mundo.

O meu amigo empresário de 95 anos, Stanley Tam, certa vez disse-me algo durante um jantar que é mais profundo do que qualquer coisa que já ouvi de qualquer pregador: "Deus ainda não pôde recompensar Abraão porque sua semente ainda está se multiplicando". Amo esta frase. E isso também é válido para Jim Linen. Deus não pôde recompensá-lo ainda porque sua semente continua se multiplicando!

Durante o nosso encontro anual de curadores, geralmente lemos o documento original que declara de forma simples:

> O fundo foi criado em cumprimento a uma promessa que James A. Linen IV fez ao Senhor quando a Des Plaines Publishing Company era, segundo todos os padrões de negócios conhecidos, uma entidade falida, assim como ele, pessoa física. Honrando o compromisso do sr. Linen, o sucesso da Des Plaines diante das condições econômicas nacionais e locais só pode ser visto como um milagre de Deus.

Talvez essa seja a hora de você declarar falência.

Coloque o seu Isaque no altar! Então, e somente então, você verá o que Deus pode fazer. Ele não pode devolver aquilo de que você não abriu mão. Entretanto, se você se render a Deus, ele providenciará o cordeiro nos arbustos.

Como um dos curadores do Des Plaines Publishing Charitable Trust, eu doo tudo aquilo que não pertence a mim. Eu não ganhei e não sou o dono. Sou simplesmente um curador, nada mais, nada menos.

Isso é válido para tudo o que possuo. Não sou o verdadeiro dono. E, se penso que sou, então provavelmente essas coisas é que me possuem. Renunciei a mim mesmo.

Não há mais *eu, meu* ou *minha!*

capítulo 6 | Queimem os navios

E Eliseu voltou, apanhou a sua parelha de bois e os matou. Queimou o equipamento de arar para cozinhar a carne e a deu ao povo, e eles comeram. Depois partiu com Elias, tornando-se o seu auxiliar. (1Reis 19.21)

Em 19 de fevereiro de 1519, o explorador espanhol Hernán Cortés zarpou para o México com uma frota de 11 navios, 13 cavalos, 110 marinheiros e 553 soldados. Quando eles chegaram, a população local era de aproximadamente 5 milhões. Do ponto de vista puramente matemático, estavam em grande desvantagem: a proporção era de 1 para 7.541. As duas expedições anteriores haviam falhado em fundar um povoado no Novo Mundo, entretanto Cortés conquistou grande parte do continente sul-americano.

O que se diz que Cortés fez após desembarcar é uma história épica de proporções míticas. Ele decretou uma ordem que transformou a missão em um projeto do tipo tudo ou nada: *Queimem os navios!* Enquanto a tripulação assistia à frota de navios queimar e afundar, concluiu que retirar-se não era uma opção. E, se você puder separar o dilema moral da colonização, há uma lição para ser aprendida aqui. Quase sempre, o fracasso está em recorrer ao Plano B quando o Plano A se torna muito arriscado, muito caro ou muito difícil. É por isso que muitas pessoas estão vivendo no Plano B. Pessoas do tipo Plano A não têm um Plano B. Ou é o Plano A, ou é o fracasso. Elas prefeririam ser destruídas perseguindo os sonhos que Deus lhes deu a ter sucesso em alguma outra coisa.

Há momentos na vida em que precisamos queimar os navios do passado. Fazemos isso ao tomarmos uma decisão definitiva que eliminará a possibilidade de navegar de volta ao velho mundo que ficou para trás. Queimamos os navios chamados *Fracasso Passado* ou *Sucesso Passado*. Queimamos o navio chamado *Maus Costumes*. Queimamos o navio chamado *Arrependimento*. Queimamos o navio chamado *Culpa*. Queimamos o navio chamado *O Meu Velho Estilo de Vida*.

Foi exatamente isso o que Eliseu fez quando queimou seu arado e fez um churrasco com seus bois. Era seu último jantar. Ele disse adeus à velha vida dando uma festa para os amigos. Eles compartilharam uma refeição e contaram histórias até a madrugada. No entanto, foi a fogueira que fez daquela noite a mais significativa e memorável de sua vida, porque ela representava o velho Eliseu. Era o último dia da velha vida e o primeiro da nova vida.

Queimar o arado foi a forma de Eliseu queimar seu navio. Ele não podia voltar ao velho estilo de vida porque destruiu a máquina do tempo que o levaria até lá. Era o fim de Eliseu, o agricultor. Era o início de Eliseu, o profeta.

Pare e pense no simbolismo do que Eliseu fez. Eliseu literalmente assou seu velho estilo de vida e preparou-o para o jantar. Perdoe-me se estiver levando a analogia longe demais, mas, depois de digeri-la, ele a expulsou de seu corpo. Ele eliminou a possibilidade de voltar à agricultura ao comer os próprios bois e queimar o arado.

Não importa se você está tentando perder peso, entrar para a faculdade, escrever um livro, começar um negócio ou quitar uma dívida. O primeiro passo é sempre o maior e o mais difícil. E você não pode simplesmente dar um passo em direção ao futuro. Você também precisa eliminar a possibilidade de voltar ao passado.

É assim que perseguimos os nossos objetivos.

É assim que rompemos com os vícios.

É assim que reconciliamos relacionamentos.

Você deixa o passado no passado queimando os navios.

Um capítulo novo

Para podermos iniciar um novo capítulo, é preciso encerrar um antigo. A forma de fazer isso é usar um simples sinal de pontuação. Você coloca um ponto final na página. Isso resolve o problema. Contudo, se você quiser ser mais dramático, pode usar um ponto de exclamação. É mais decisivo, mais definitivo. Então você vira a página e começa uma nova frase, que começa um novo parágrafo, que por sua vez começa um novo capítulo.

O que é válido para a gramática é válido para a vida.

Se você quer romper com um hábito, terminar um conflito ou simplesmente deixar o passado para trás, precisa de um sinal de pontuação. Uma vírgula não será suficiente, nem um ponto e vírgula. Você precisa de um ponto de exclamação na sua vida!

Eliseu não precisava queimar o arado para seguir Elias, porém foi como se fizesse uma declaração. Mais especificamente, uma declaração de fé. Não havia volta. Se o aprendizado com Elias não fosse bem-sucedido, não haveria para onde voltar.

Este foi o momento de entrega total de Eliseu. Eliseu não estava apenas comprando uma ideia. Estava deixando tudo para trás. E é disso que se trata uma entrega total. É estar completamente presente aqui e agora.

É não viver no passado, nem no futuro. Isso não quer dizer que não aprendemos com o passado, nem que deixemos de planejar o futuro, mas não vivemos lá. Entregar-se completamente é viver como se cada dia fosse o primeiro e o último dia da nossa vida.

Você já fez uma declaração de fé?

Não estou falando sobre repetir a oração do pecador ou fazer uma confirmação de fé. Essas coisas são passos positivos de fé, mas elas geralmente não equivalem a fazer uma fogueira e queimar seus bois. Uma declaração de fé precisa ser uma declaração. É uma decisão definitiva acompanhada por uma ação dramática que simboliza o seu compromisso absoluto com Jesus Cristo e sua causa.

Não estou sugerindo que você encontre o tatuador mais próximo. E, por favor, não coloque fogo em nada que não pertença a você. E você também não pode simplesmente imitar outra pessoa.

Pense nisso.

Ore a respeito.

Em seguida, aja de acordo.

Faça uma declaração

Michael e Maria Durso são os fundadores do Tabernáculo de Cristo em Queens, Nova York. A jornada espiritual do casal iniciou-se com uma dramática conversão. Aos 20 anos, Michael e Maria estavam tão longe de Deus quanto se pode estar. Para dizer a verdade, eles zombavam de qualquer coisa remotamente religiosa. Viviam juntos e se entregavam de vício em vício. Então, certo dia, Maria misteriosamente caiu sob a convicção do Espírito Santo. Ela não estava na igreja. Não estava lendo uma Bíblia. Estava em um quarto de hotel, de férias, quando a convicção apareceu não sabe de onde. O que ela não sabia, até voltar para casa, era que um grupo de amigas havia sido salvo enquanto ela estava fora. Naquele exato momento, a milhares de quilômetros de distância, elas estavam em um círculo de oração, orando por Maria.

Quando voltaram a Nova York, Michael e Maria pararam de dormir juntos e começaram a frequentar a igreja. Depois de tomarem a decisão de seguir Cristo, Michael soube que precisava divorciar-se do passado. Ele reuniu toda a parafernália das drogas, bem como revistas e vídeos que eram vestígios do velho eu. Um por um, lançou-os no incinerador do prédio em que moravam em Nova York.

Isso é uma declaração de fé.

Por favor, não cometa um erro. Nós somos salvos pela graça por meio da fé. Ponto final. Ou, talvez, eu deveria dizer: ponto de exclamação! Você não está mais salvo ou menos salvo com base em quanto sua declaração de fé é criativa, ou convincente, ou corajosa. Trata-se somente da cruz de Jesus Cristo. Mas uma declaração de fé a torna pessoal e memorável.

Lembra-se do cobrador de impostos que depositou a fé em Cristo?[1]

Ele deu metade dos bens que possuía aos pobres. Não foi isso o que o salvou. Entretanto, essa ação dramática foi evidência de uma decisão definitiva! Ele também se ofereceu para pagar quatro vezes mais se tivesse roubado de alguém. Antes de conhecer Jesus, o dinheiro era o deus dele. Por isso faz todo sentido que sua declaração de fé envolva finanças.

Lembra-se da prostituta que ungiu Jesus?[2]

Ela quebrou seu frasco de alabastro. Não foi isso o que a salvou. Todavia, essa ação dramática foi evidência de uma decisão definitiva! Ela deu o bem mais precioso que possuía a Jesus. O alabastro não era apenas extremamente valioso. Também fazia parte de armas de sedução. Quebrá-lo era sua forma de queimar o arado. Ela estava desistindo da vida prévia ao dar aquele frasco para Jesus.

Lembra-se do avivamento em Éfeso?[3]

As pessoas que praticavam ocultismo queimaram seus livros publicamente. O valor acumulado desses livros era estimado em 50 mil dracmas.

---

[1] Lucas 19.1-10.
[2] Marcos 14.1-9.
[3] Atos 19.17-20.

A dracma era uma moeda de prata que equivalia a um dia de trabalho. Isso significava 138 anos de salário! Eles poderiam ter vendido os livros e guardado o dinheiro, mas estariam vendendo a alma. Em vez disso, fizeram uma declaração de fé equivalente a alguns milhões de dólares.

Passado

Um dos nossos problemas espirituais fundamentais é este: queremos que Deus faça alguma coisa nova enquanto continuamos a fazer as mesmas coisas velhas. Queremos que Deus mude a nossa situação, sem que nós mudemos nada. Contudo, se estamos pedindo vinho novo a Deus, precisaremos de um novo odre.

Mudança é uma moeda de dois lados.

Fora com o velho é um dos lados.

Espaço para o novo é o outro lado.

Muitos ficam paralisados espiritualmente porque continuam fazendo as mesmas coisas enquanto esperam resultados diferentes. Rotinas espirituais são uma parte crucial do crescimento espiritual, mas, quando a rotina se torna simplesmente rotina, é preciso mudá-la. O que o levou ao lugar em que você está, talvez, não o leve ao próximo lugar que Deus tem para você.

> *Busquem-me e terão vida;*
> *não busquem Betel,*
> *não vão a Gilgal,*
> *não façam peregrinação a Berseba.*
> *[...] Busquem o Senhor e terão vida.*[4]

Betel foi o lugar onde Jacó teve o sonho que mudou sua vida. Ele construiu um altar e fez um voto. Gilgal foi o lugar onde os israelitas acamparam depois de Deus ter aberto miraculosamente o rio Jordão

---

[4] Amós 5.4-6.

e eles terem pisado na terra prometida pela primeira vez. Foi necessária apenas uma noite para tirar Israel do Egito, mas foram necessários quarenta anos para tirar o Egito de Israel. Gilgal marca o lugar em que Deus tirou a reprovação que pesava contra eles. Berseba é o lugar onde Abraão fez uma aliança com Abimeleque e invocou o Senhor. Seu filho Isaque cavou um poço e construiu um altar ali.

Os três lugares tinham um significado especial. Eram marcos sagrados na jornada espiritual de Israel. Então por que Deus lhes diria para *não* buscá-lo nesses lugares? A resposta é simples: não encontraremos Deus no passado. O nome dele não é Eu Era. Seu nome é Eu Sou. Ele é auxílio sempre *presente*.[5] E, quando nos apegamos demais ao que Deus já fez, com frequência perdemos o que Deus quer fazer em seguida. Deus está trabalhando bem aqui e exatamente agora.

Deus sempre está fazendo algo novo. Portanto, siga em frente e construa altares para marcar os momentos santos do passado, mas o propósito dos altares é nos lembrar da fidelidade de Deus no passado a fim de termos fé para confiar a ele o nosso futuro.

Prossiga para o alvo

Em algum momento da vida, a maioria de nós para de viver na imaginação e começa a viver na memória. É nesse dia que deixamos de viver e começamos a morrer. Estar completamente vivo é estar completamente presente. Exige deixar o passado no passado. Esse é o ímpeto por trás da exortação de Paulo em Filipenses 3.13,14:

> *Esquecendo-me das coisas que ficaram para trás e avançando para as que estão adiante, prossigo para o alvo, a fim de ganhar o prêmio do chamado celestial de Deus em Cristo Jesus.*

---

[5] Salmos 46.1.

Amo esta expressão: *prossiga para o alvo.*

Sempre que a ouço, recordo-me dos dias em que jogava basquete na faculdade. Há duas formas de jogar na defesa. Você pode ficar postado no campo de defesa e deixar o outro time vir atacá-lo. É uma forma defensiva de jogar. É proteger a liderança. É jogar para não perder. No futebol americano, isso é chamado de defesa preventiva. E, além dessa forma, há uma forma ofensiva de defesa, a pressão no campo inteiro. Você força a situação. Você não deixa o jogo vir até você. Você leva o jogo ao adversário.

Fico imaginando se a igreja não estará satisfeita jogando uma defesa preventiva enquanto Deus está pedindo pressão no campo inteiro. Não é esta a mensagem de Mateus 11.12?

> *"Desde os dias de João Batista até agora, o Reino dos céus é tomado à força, e os que usam de força se apoderam dele."*[6]

Você está jogando no ataque no casamento? Ou está jogando uma defesa preventiva que deixa o romance de lado? Você está criando os filhos de forma reativa ou proativa? Você tem um plano de crescimento espiritual? Está trabalhando por um salário ou administrando as dádivas de Deus, perseguindo o sonho que Deus concedeu a você? Está tentando manter o equilíbrio espiritual evitando o pecado? Ou está investindo tudo e invadindo as trevas com a luz e com o amor de Jesus Cristo?

Ao final de cada ano, Lora e eu separamos um tempo para refletir sobre o ano que passou e planejar o próximo. As prioridades são a agenda e o orçamento. Se não controlarmos a nossa agenda, a agenda acabará nos controlando. Fazer uma previsão de gastos é o modo com que jogamos no ataque em relação às finanças, controlando despesas, eliminando dívidas e ofertando estrategicamente. Também volto à minha lista

---

[6] Mateus 11.12.

de objetivos de vida e estabeleço metas espirituais para o próximo ano. Terminamos o nosso tempo de retiro com um plano ofensivo de jogo. Então, às segundas-feiras, que é o meu dia sabático, Lora e eu saímos para tomar café da manhã juntos. É um momento semanal que nos assegura de que estamos seguindo o plano no âmbito familiar e financeiro.

A única forma de prever o futuro é fazer acontecer o futuro. Você não o deixa simplesmente acontecer. Você faz acontecer. Como? Pare de lamentar o passado e aprenda com ele. Abandone a culpa ao depender da graça de Deus. Pare de culpar-se e deixe o Espírito de Deus curar o seu coração. Você não pode divorciar-se do passado. Está casado com ele para sempre. Mas Deus deseja reconciliar o passado, redimindo-o. Deus é *expert* no negócio de reciclagem: ele faz bens reciclados de vidas desperdiçadas.

O ponto de virada espiritual ocorre quando a dor de permanecer igual se torna maior do que a dor da mudança. Infelizmente, muitos se acostumam com o conforto. Nós seguimos Jesus Cristo até o ponto da inconveniência, nenhum passo adiante. É nesse momento que precisamos que um profeta entre na nossa vida, jogue um manto sobre os nossos ombros e nos acorde para uma nova possibilidade, uma nova realidade. Precisamos de um profeta que confronte com coragem o nosso plano B e nos chame de volta ao plano A.

Campinas ondulantes

Eliseu nasceu e cresceu em uma região de Israel conhecida como Abel-Meolá. O significado desta palavra hebraica é "campinas ondulantes". A região era o celeiro do vale do Jordão. E a família de Eliseu tinha uma plantação incrivelmente produtiva e lucrativa. Muitas propriedades familiares eram pequenos negócios que consistiam em um único arado com uma parelha de bois. Ter 12 juntas de bois, com as respectivas mãos para ará-las, significava que Eliseu era rico. E tudo isso fazia parte de sua herança. Queimar o arado era mais do que deixar o emprego; significava renunciar à sua porção na família. Poderia ter sido riscar o nome do testamento da família.

Nós temos a tendência de não arriscar tudo. Mas não Eliseu. Ele era 100% comprometido com Elias. Acho que é justo dizer que Eliseu era 200% comprometido. E foi isso o que lhe deu a ousadia de pedir porção dobrada da unção de Elias. E Deus concedeu. Durante seus sessenta anos de ministério profético, Eliseu realizou 28 milagres, como relatam as Escrituras. Isso é o dobro dos 14 milagres que o profeta Elias realizou.[7]

O que deu a Eliseu a ousadia santa para pedir porção dobrada? Acredito que seja simplesmente o fato de Eliseu não ter retido nada de Deus. E, se nos entregarmos completamente a Deus, podemos pedir e esperar que Deus se dê totalmente a nós, porque é precisamente isso o que ele quer. Nós não temos porque não pedimos, e não pedimos porque não estamos totalmente comprometidos!

Eliseu poderia ter passado a vida inteira nas campinas ondulantes. Você também pode. Você pode viver tranquilamente em vez de dar passos ousados de fé. Você pode preservar sua reputação em vez de arriscá-la. Você pode economizar dinheiro em vez de doá-lo. Você pode continuar a arar seus campos em vez de seguir o chamado de Deus, mas talvez você esteja perdendo 28 milagres.

Unção dobrada

Um dos momentos decisivos da minha vida aconteceu quando eu tinha 29 anos. Eu estava assistindo a uma aula do doutorado em ministério na Regent University quando um funcionário da faculdade interrompeu a aula e disse que a minha esposa precisava falar comigo. Nada pode preparar alguém para ouvir estas palavras: "Mark, o meu pai morreu". Foi o momento mais chocante da minha vida.

---

[7] Cf. PYLES, David. **A Double Portion of Thy Spirit.** Disponível em: <www.bcbsr.com/survey/eli.html>. Acesso em: 14 fev. 2013.

Parte do susto foi porque o meu sogro estava na melhor fase da vida e do ministério. Dois dias antes de sua morte, ele fizera sua consulta anual, e o médico dissera: "As suas artérias estão completamente limpas". Então como ele pôde sofrer um ataque cardíaco fatal 48 horas depois?

Dirigimos de Virginia Beach para Washington em tempo recorde. Lá, pegamos um voo para Chicago, onde, naquela noite, encontramos o resto da família para o funeral. Nós havíamos passado o Natal juntos uma semana antes, e o meu sogro estava cheio de vida e muito alegre. Ver o corpo dele em um caixão era como um sonho ruim do qual nunca acordaríamos.

O meu sogro, Bob Schmidgall, era um herói no ministério para mim. Líder e mestre de dez talentos, tinha um coração de pastor como ninguém. Jamais conheci um homem que pregasse com tanta intensidade e consistência. Quando ele morreu, estava pastoreando a mesma igreja que fundara com a minha sogra em 1967. Era uma das maiores e mais generosas igrejas do país. A Calvary Church [Igreja do Calvário] doara milhões de dólares para missões nos últimos trinta anos. Comparativamente, eu estava pastoreando uma igreja recém-fundada, com poucas pessoas e pouquíssimos recursos. Nem parecia uma igreja, e eu não me sentia um pastor. Ao lado do caixão, senti o Espírito Santo pairando sobre o caos do meu coração. Naquela hora eu me senti compelido pelo Espírito Santo a pedir a Deus uma porção dobrada da unção do meu sogro. Para ser honesto, eu não sabia exatamente o que isso significava. Apenas desejava que o legado dele continuasse a viver em mim da mesma forma que o legado de Elias sobrevivera em Eliseu. E acredito que isso aconteceu. A igreja que pastoreio ainda não é tão grande quanto a igreja que o meu sogro fundou, mas temos a mesma força motriz. Neste ano, a National Community Church realizará 25 viagens missionárias e doará mais de 2 milhões.

Sou muito diferente do meu sogro em questões de dons e personalidade. Por exemplo, sinto-me tão chamado a escrever quanto a pastorear. Contudo, creio que mesmo a minha unção para escrever é uma resposta à oração que fiz ao lado do caixão do meu sogro. Também é uma resposta às orações do meu sogro por mim. As orações dele não morreram quando ele morreu. Continuam vivas muito depois de sua morte. E, assim como Deus transferiu a unção profética de Elias para Eliseu, creio que de alguma forma Deus transferiu a unção do meu sogro para mim.

É difícil definir a unção, mas vou tentar. A unção é a diferença entre *o que podemos fazer* e *o que Deus pode fazer*. É a intersecção entre o poder e o favor de Deus. É a diferença entre o natural e o sobrenatural, entre o temporal e o eterno. É a diferença entre o sucesso e o fracasso.

De volta ao começo

É difícil graduar os profetas, mas, se fôssemos montar um time de profetas de Israel, Eliseu seria uma das primeiras escolhas. Por definição, todo milagre é milagroso. Mas Eliseu recebe créditos extras por abrir o Jordão, ressuscitar um menino e fazer um martelo flutuar. Esses feitos receberiam muitos pontos![8]

No entanto, afinal, por que Deus deu porção dobrada a Eliseu?

Para começar, porque Eliseu pediu. Depois confirmou isso com sua disposição de voltar ao início e começar tudo de novo. Eliseu não reteve nada de Deus, por isso Deus não reteve nada de Eliseu. Eliseu era totalmente comprometido.

Queimar o arado foi como entregar seu pedido de demissão da Fazendas Eliseu Ltda. Eliseu desistiu de tudo por um estágio não remunerado com um profeta itinerante chamado Elias. Em um único dia, ele saiu do topo da hierarquia em direção à base. Deixou de estar no comando para servir o cafezinho e fazer as cópias. Como estagiário, ele se ocupava do serviço que ninguém mais queria fazer. Contudo, se você realizar o trabalho que ninguém quer, pode acabar conseguindo o emprego que todos querem. Só que é preciso estar disposto a subir os degraus, começando lá embaixo.

---

[8] 2Reis 2.14; 4.34; 6.6.

Todo faixa preta precisa iniciar com uma faixa branca.

Todo pianista de concertos precisa iniciar treinando escalas.

Todo doutor precisa iniciar na pré-escola.

Se você não está disposto a começar no início, Deus não o pode usar. Você precisa estar disposto a sair do lugar de honra e sentar no lugar mais distante da mesa. Você precisa estar disposto a passar de primeiro para último. Não foi este o exemplo que Jesus deixou? O Criador todo-poderoso tornou-se servo. Se você seguir o padrão, Deus pode fazer tudo em você e por seu intermédio.

Você está disposto a começar tudo de novo? Está disposto a deixar o seu emprego? A esvaziar a sua conta bancária? A voltar à escola? A dar uma segunda chance a alguém? A dar o primeiro passo?

Temos um programa de internato na National Community Church. Trata-se de um ano de internato não remunerado, o que representa um grande desafio econômico em razão do alto custo de vida em Washington. Os estagiários precisam arcar com os custos da vinda. Contudo, se estiverem dispostos a fazer o sacrifício econômico, terão uma experiência única. E Deus tem meios de honrar as pessoas que estão dispostas a desistir de um salário para perseguir o chamado de Deus. Lembra-se da máxima *Onde há uma vontade, há um caminho*? Se for vontade de Deus, então o próprio Deus abrirá um caminho!

Heather Zempel lidera o nosso ministério de grupos caseiros na National Community Church. Ela é uma líder reconhecida no mundo do discipulado, além de conferencista e escritora bastante respeitada. Nunca encontrei ninguém mais apaixonado por formação espiritual. Uma década antes, Heather trabalhava no Capitólio para um senador dos Estados Unidos. Ela usava seu diploma de engenheira ambiental para trabalhar em política ambiental e amava o que fazia. Foi aí que lancei o desafio, jogando um manto ao redor de seus ombros. Eu sabia que Heather tinha um dom de liderança que Deus poderia usar na igreja, portanto fiz uma proposta que ela não poderia recusar. Mais trabalho, por menos dinheiro, sem ter nem mesmo um escritório no qual trabalhar.

Heather estava disposta a desistir do prestígio do Capitólio e dos benefícios que esse trabalho representava para começar tudo de novo. Ela queimou seu navio. Foi um de seus momentos de entrega total. Tínhamos apenas dois pequenos grupos na época, mas ao longo da última década ela reuniu centenas de líderes que criaram o ambiente adequado para grupos de formação espiritual. Ela organizou o nosso sistema de livre mercado de grupos caseiros que se encontram sete dias por semana em todas as áreas de Washington alcançadas pelo metrô da cidade. Por sistema de livre mercado, queremos dizer simplesmente que os líderes recebem uma visão de Deus e seguem em frente. É assim que democratizamos o evangelho e permitimos que ele cresça a partir da base.

É assim que começa qualquer história de sucesso no Reino de Deus. E, por sucesso, estou querendo dizer usar os seus dons para glorificar a Deus. No Reino às avessas de Deus, um passo para baixo é um passo para cima. E, se você estiver disposto a ser rebaixado aos olhos dos homens, então estará pronto para ser promovido pelo próprio Deus.

É difícil imaginar queimar os nossos navios, porque não conseguimos ver nenhum outro caminho para cruzar o Jordão. Contudo, se tivermos a coragem de queimar os navios, Deus abrirá o rio. E descobriremos que não precisávamos deles para chegar aonde Deus quer. O próprio Deus nos levará lá. E o próprio Deus receberá a glória!

capítulo 7 | Penetra

Convidado por um dos fariseus para jantar, Jesus foi à casa dele e reclinou-se à mesa. Ao saber que Jesus estava comendo na casa do fariseu, certa mulher daquela cidade, uma "pecadora", trouxe um frasco de alabastro com perfume, e se colocou atrás de Jesus, a seus pés. Chorando, começou a molhar-lhe os pés com suas lágrimas. Depois os enxugou com seus cabelos, beijando-os e os ungiu com o perfume. (Lucas 7.36-38)

Quando você ler a Bíblia, não deixe o seu senso de humor de fora. Se você fizer isso, perderá muito humor situacional. Essa é clássica. Uma festa dada por um fariseu? Isso com certeza será divertido! Se existe um oximoro, é *festa de fariseu*. Convenhamos, poderia ser algo divertido? Aposto que eles estavam entediados, fingindo interesse em conversas farisaicas sobre a lei do sábado. Sem DJ, sem ponche. E definitivamente sem lombinho com *bacon* porque não seria comida *kosher*! A lembrancinha provavelmente era um filactério![1] Todos os indícios apontam para uma festa "careta".

E de repente entra em cena aquela mulher.

Os fariseus enrubesceram, mas aposto que os olhos de Jesus brilharam. Ele sabia que as coisas estavam prestes a ficar tão divertidas quanto curar em um sábado. Só para constar, Jesus podia curar em qualquer dia da semana. Acredito que ele escolheu o sábado deliberadamente porque seria muito mais divertido irritar alguns fariseus no caminho. E, se você seguir as pegadas dele, também ofenderá alguns fariseus.

Você pode imaginar o olhar no rosto austero dos fariseus quando a mulher fez sua aparição surpresa? Eles começaram a tossir sem controle quando ela abriu o frasco de alabastro. E, em seguida, ela começa a limpar os pés de Jesus com os próprios cabelos.

Você pode dizer *embaraçoso*?

Ela, porém, definitivamente fez uma declaração, não fez?

Esse ato de adoração está entre as mais belas e significativas declarações de fé em toda a Bíblia. A mulher arriscou sua reputação — o que restara dela — para ungir Jesus. Ela sabia que os fariseus apedrejavam mulheres como ela, mas isso não a impediu de arriscar tudo o que possuía. Ela usou seu bem mais precioso — um perfume em um frasco de alabastro — para fazer sua profissão de fé.

Quebre o frasco de alabastro

O perfume no frasco de alabastro era nardo puro, uma erva perene, colhida no Himalaia. Meio litro, não menos do que isso! E o frasco em

---

[1] V. Mateus 23.5. Filactérios eram caixinhas que continham porções das Escrituras e eram presas na testa ou no braço.

si, feito de pedra semitransparente, era provavelmente uma herança de família. Poderia até ter sido o dote daquela mulher.

O frasco de alabastro representava a culpa passada e a esperança futura. Representava tanto sua identidade profissional quanto sua segurança financeira. Em palavras simples, era seu bem mais precioso. Quão irônico e ao mesmo tempo quão apropriado foi que o perfume usado em sua profissão de prostituta se tornasse o símbolo de sua profissão de fé. A mulher apostou tudo, derramando até a última gota aos pés de Jesus.

Quebrar aquele frasco era sua forma de queimar o navio. Bastava de esconder o mau cheiro do pecado com o odor do perfume. Bastavam encontros indecentes na madrugada. Bastavam os encontros clandestinos em lugares discretos. A mulher saíra das sombras escuras do pecado para a luz do mundo.

Chega um momento em que precisamos encarar a verdade.

Chega um momento em que precisamos tirar o véu da vergonha secreta do pecado.

Chega um momento em que precisamos nos lançar completamente na graça de Deus.

Esse foi um desses momentos para aquela mulher.

Por que agimos como se o nosso pecado nos desqualificasse para a graça de Deus? Na verdade, é a *única* coisa que nos qualifica! Qualquer outra coisa é uma tentativa de merecer a graça de Deus por justiça própria. Não podemos confiar 99% na graça de Deus. É tudo ou nada. O problema, como destaquei anteriormente, é que queremos um pouco de crédito pela salvação. Queremos ter 1% da equação. No entanto, se tentarmos salvar a nós mesmos, falseamos a salvação que vem somente de Jesus Cristo, pela graça, por meio da fé.

Comprometimento total significa arrependimento radical. Você precisa dobrar-se. Isso começa quando você coloca na mesa todas as cartas viradas para cima por meio de confissão. Uma confissão parcial de pecados sempre resulta em um amor parcial por Cristo. Minimizar o pecado é minimizar a graça. E isso desonra o sacrifício daquele que não tinha pecado.

O que aconteceria se reuníssemos a coragem moral dessa mulher, entrássemos em uma sala repleta de fariseus cheios de justiça própria e revelássemos abertamente o nosso pecado e ao mesmo tempo ungíssemos Jesus como Senhor e Salvador?

Sei exatamente o que aconteceria: um avivamento na terra e uma festa no céu.

Dote espiritual

Quebrar o frasco de alabastro significa dar a Deus o que você tem de mais precioso. É oferecer a ele o seu passado, presente e futuro. É encontrar a sua identidade e segurança somente em Cristo. É o seu dote espiritual. E ele pertence ao Noivo.

O frasco de alabastro é uma das ofertas mais expressivas das Escrituras. E, em parte, é isso que a torna tão especial, tão pessoal. Foi uma expressão de amor íntima, uma expressão de fé extravagante.

Recentemente, a nossa igreja recebeu um presente que entra na mesma categoria. A dor do coração de Shelley estava escrita em seu rosto. O sonho de casamento se transformara em pesadelo quando, inesperada e inexplicavelmente, o noivo rompeu o compromisso. A ferida dolorosa do amor rejeitado manchou as doces recordações, tornando-as amargas. Shelley achava que não poderia sair da prisão de amargura em que se encontrava. Era como se ela estivesse confinada em uma solitária. Foi nesse momento que se sentiu impelida a doar o que fora seu bem mais precioso — seu anel de noivado. Ela literalmente me entregou a caixa do anel e disse: "Deus me disse para doar isso à igreja".

Era a declaração de fé de Shelley.

Em seguida ela pregou um sermão de uma única frase que foi mais poderoso do que a mensagem de 30 minutos que eu acabara de pregar.

Ela disse: "Creio que o meu ato de obediência pode transformar-se no milagre de alguém".

E foi exatamente isso o que aconteceu.

Matt começou a frequentar a National Community Church com a namorada, Jessica, durante uma série de pregações sobre o tema deste livro. Enquanto ouvia uma das mensagens, Matt percebeu que nunca definira seu relacionamento com Deus. Ele queria todos os benefícios, sem nenhum compromisso. E o mesmo era válido para seu relacionamento com Jessica. À medida que Matt se entrosava mais na NCC, alguns Elias entraram em sua vida chamando-o a sair do pecado e entrar na graça de Deus. Quando Matt confessou seu vício em pornografia, sentiu como se sua vida tivesse terminado, mas na verdade algo novo estava começando. A confissão quebra o poder do pecado oculto e também cura o coração ferido. Matt decidiu entregar-se a Deus sem restrições. Ele estava falando sério, e isso significava restabelecer limites bíblicos em sua vida. Sair do apartamento que ele dividia com Jess era o próximo passo espiritual, mas também significava um retrocesso financeiro. A obediência muitas vezes vem com um preço alto marcado na etiqueta, mas a garantia não é deste mundo.

Matt não queria nada além de propor casamento a Jess, mas sentia que precisava economizar dinheiro suficiente para comprar um anel primeiro. Era sua forma de provar para si mesmo que estava pronto. Contudo, assim que conseguia juntar um pouco de dinheiro, surgia uma emergência financeira que sugava sua reserva. Foi exatamente quando Matt estava a ponto de desistir do anel para Jessica que Shelley entregou seu anel para a NCC. Começamos a orar pedindo a Deus que revelasse para quem deveríamos dar o anel, e ficou evidente que deveria ser para Matt e Jessica.

Não muito tempo depois de surpreendermos Matt com o anel, ele surpreendeu Jessica. Matt puxou a pequena caixa preta enquanto os dois remavam no lago Tidal. Ele até amarrara uma cordinha na caixa por medo de deixá-la cair na água pelo tanto que iria tremer! Matt conseguiu ficar de joelhos, o que não é tarefa fácil num barco a remos, e fez o pedido. Naquele momento, a obediência de Shelley se transformou no milagre de Matt e Jessica! Foi o momento de entrega total de Shelley que tornou possível esse momento de entrega total. E a história por trás do anel é ainda mais bela do que seu *design* ou brilho.

Apenas uma nota de rodapé.

Antes de Matt fazer a proposta, ele perguntou ao pai de Jessica se podia pedir a mão da filha em casamento. O sogro de Matt respondeu: "Tudo o que sempre quis para os meus filhos é que eles se casassem com alguém que amasse Jesus acima de tudo". Então ele foi direto ao ponto: "Matthew, você pode me dizer que ama a Jesus mais do que ama a Jessica?". Matt parou por um momento e então respondeu: "Pela primeira vez na vida, posso dizer honestamente que sim!".

O que você tem de mais precioso?

O seu cônjuge? Os seus filhos? O seu emprego? O seu salário? As suas realizações passadas? Os seus objetivos futuros?

Esse é seu perfume em um frasco de alabastro.

Você ama Jesus mais do que ama ao seu bem mais precioso? Mais do que à pessoa mais preciosa na sua vida? Mais do que ao seu desejo mais profundo? Do que ao seu maior objetivo? Do que ao seu feito que mais lhe dá orgulho?

Você ama Jesus em primeiro lugar? Ou em segundo? Terceiro? Ou décimo?

Pormenores

É bem possível que o frasco de alabastro representasse cada centavo das economias da vida dessa mulher. O valor elevado é evidenciado pelo fato de dois escritores dos Evangelhos acharem digno de nota dar uma estimativa por escrito: 300 denários, o equivalente ao salário de um ano de trabalho!

Vamos aos pormenores.

Para a maioria de nós, o frasco de alabastro é dinheiro. É o nosso fundo de reserva. É o nosso salário, os nossos investimentos e a nossa aposentadoria. E a questão é a seguinte: você está disposto a abrir mão de tudo isso? Não estou sugerindo que você não deve pagar suas contas, planejar o futuro ou cuidar da sua família. Contudo, se o Espírito Santo o incentivasse a doar tudo isso, você estaria disposto a abrir seu frasco de alabastro e derramar tudo — até a última gota — aos pés de Jesus?

Sei que, quando o assunto é dinheiro, às vezes ficamos na defensiva. É um assunto muito pessoal. E talvez por isso Jesus tenha falado a respeito mais do que falou sobre o céu ou o inferno. A minha declaração bancária não mente. Na verdade, é uma declaração de fé. E revela as minhas verdadeiras prioridades.

Permita-me ser bem direto, porque em relação a dinheiro Jesus era direto. A obediência pode ser medida em *dólares* ou *reais*. A fé também pode. Assim como o sacrifício. Com certeza, não é a *única* medida, porém é uma das mais precisas. Se damos a Deus 2% da nossa renda, podemos dizer que estamos 100% comprometidos com ele? Acho que não. Se retemos o dízimo, podemos dizer que realmente "confiamos em Deus"? Se damos a Deus o que sobra em vez de ofertarmos os primeiros frutos, podemos afirmar que buscamos primeiro o Reino de Deus? Deus não precisa do nosso dinheiro, mas ele com certeza deseja o nosso coração. E onde estiver o nosso tesouro, ali também estará o nosso coração. A felicidade não é o resultado de ganhar mais dinheiro. É resultado de doar mais dinheiro, não importa quanto dinheiro tenhamos.

Há um velho ditado que diz: *Tempo é dinheiro*. E essa afirmação não é verdadeira apenas em relação ao tempo, mas também ao talento. Quando doamos dinheiro a uma causa do Reino, não estamos doando dinheiro. Estamos dando parte de nós mesmos. Não é como quando destinamos um período específico de tempo agendado com antecedência: *Terça-feira, das 7 horas ao meio-dia*. E não especificamos que tarefa está sendo traduzida na oferta: *plano de aula de segunda-feira*, ou *procedimento cirúrgico de sexta-feira*, ou *depoimento de quarta-feira*. Não se engane, porém; trocamos o nosso tempo e o nosso talento por esse dinheiro. Essa oferta, assim como o perfume no frasco de alabastro, é uma expressão íntima de quem somos.

Padrão de doação

John Wesley se tornou conhecido por viajar a cavalo, pelas pregações feitas ao ar livre e pelo movimento metodista. Contudo, Wesley era um doador ainda maior! Ele vivia a seguinte máxima: *Faça tudo o que puder. Salve todos os que puder. Doe tudo o que puder.*

A nossa família adotou esta máxima também. Todo ano tentamos aumentar o percentual dos rendimentos que doamos. E John Wesley serve como um excelente modelo. Durante sua vida, Wesley doou aproximadamente 30 mil libras. Corrigido de acordo com a inflação, isso equivaleria a US$ 1.764.705,88 dólares hoje!

A origem da generosidade de Wesley foi uma aliança que ele fez com Deus em 1731. Ele decidiu limitar suas despesas para que tivesse uma margem maior para doar. O limite de seu salário eram 28 libras. Naquele primeiro ano ele arrecadou apenas 30 libras, por isso doou apenas 2 libras. No ano seguinte, a arrecadação dobrou, e, como ele conseguiu continuar vivendo com 28 libras, sobraram 32 libras para ofertar! No terceiro ano, sua arrecadação subiu para 90 libras, mas ele se manteve com poucas despesas.

O objetivo de Wesley era doar toda arrecadação extra depois que as contas estivessem pagas e as necessidades da família tivessem sido supridas. Ele nunca tinha mais de 100 libras em suas posses porque temia ajuntar tesouros na terra. Ele acreditava que as bênçãos de Deus deveriam nos levar a aumentar o *nosso padrão de doação,* e não o *nosso padrão de vida.*

Wesley seguiu elevando seu padrão de doação. Mesmo quando sua arrecadação chegou a milhares de libras, ele continuou vivendo de forma simples e doando todo o dinheiro extra. Ele morreu com poucas moedas no bolso, mas com um tesouro no céu. Era completamente comprometido. E isso se evidenciava pela forma com que ele administrava o dinheiro.

Boa ação

As nossas reações revelam mais a nosso respeito do que as nossas ações. Em geral, somos bons atores, porém é muito mais difícil fingir uma reação. E a atitude dos discípulos quando a mulher quebrou o frasco de alabastro é reveladora. "Por que este desperdício?" Eles acharam que, ao derramar o perfume nos pés de Jesus, a mulher estava derramando a fragrância pelo ralo. Eles ficaram ofendidos. Jesus, contudo, defendeu a atitude da mulher. O que eles chamaram de *desperdício*, ele chamou de *boa ação*. Na verdade, Jesus chegou a dizer:

> *"Eu lhes asseguro que em qualquer lugar do mundo inteiro onde este evangelho for anunciado, também o que ela fez será contado, em sua memória".*[2]

Você consegue imaginar o que essa declaração fez pela autoimagem da mulher? Aposto que fazia anos que ela não ouvia uma palavra gentil ou um elogio. Essa frase marcou a vida dela; encerrou um capítulo antigo e iniciou um novo. Essas palavras ecoaram em seus ouvidos para sempre!

Jesus não estava profetizando 15 minutos de fama. Ele estava profetizando que dali por diante aquela mulher tornaria o nome dele conhecido no mundo inteiro por esse único ato de obediência! Por essa única atitude de entrega total! Quais são as probabilidades? Especialmente se considerarmos que apenas algumas personalidades mais poderosas e influentes da História ainda são lembradas. É por isso que essa é uma das mais surpreendentes profecias de Jesus!

[2] Mateus 26.13.

Não sei onde você está lendo este livro agora, mas está cumprindo a profecia. De Kennebunkport, no Maine, a San Diego, Califórnia. De Florida Keys a International Falls, Minnesota. Do Brasil à Indonésia, da Rússia à Coreia e à Irlanda. Ao ler essa história, você está cumprindo mais uma vez a profecia.

Ninguém consegue identificar um potencial como Jesus consegue. E isso porque foi ele quem pôs esse potencial em nós em primeiro lugar. O potencial é um dom de Deus para nós. O que fazemos com esse potencial é o nosso dom de volta para Deus.

Viver à altura

Johann Wolfgang von Goethe certa vez afirmou: "Trate um homem de acordo com o que ele é, e ele sempre permanecerá igual. Trate um homem como ele deveria e poderia ser, e ele se tornará o que ele pode e deveria ser".

Jesus deu àquela mulher *um motivo para viver*. É isso o que fazem os profetas! Os fariseus fizeram exatamente o oposto. Eles murmuraram entre si: "Se este homem fosse profeta, saberia quem nele está tocando e que tipo de mulher ela é: uma 'pecadora' ".[3]

A única coisa que os fariseus viram quando olharam para a mulher foi uma pecadora — nada mais, nada menos.

Penso que Jesus viu uma menininha inocente brincando com suas bonecas favoritas — uma menininha que tinha esperanças e sonhos nem um pouco parecidos com a realidade que ela estava vivendo. Jesus vê além do passado. Ele vê além do pecado. Ele vê sua imagem em nós. Assim como olhar no espelho, Deus vê um reflexo de si mesmo.

Os fariseus tratam as pessoas com base em seu comportamento passado.

Os profetas tratam as pessoas com base em seu potencial futuro.

---

[3] Lucas 7.39.

Os fariseus tiram os motivos para viver das pessoas.
Os profetas dão motivos para as pessoas viverem.
Os fariseus excluem as pessoas.
Os profetas incluem as pessoas.
Os fariseus veem o pecado.
Os profetas veem a imagem de Deus.
Os fariseus desistem das pessoas.
Os profetas lhes dão uma segunda chance.

Os fariseus reduziram aquela mulher a um rótulo — pecadora. E nós fazemos o mesmo. Damos rótulos políticos, sexuais e religiosos. No processo, entretanto, privamos as pessoas de sua individualidade e complexidade. Preconceito é pré-conceito. É assumir que histórias ruins terão um final ruim, mas Jesus é especialista em transformar começos ruins em *finais felizes para sempre.*

Ele fez isso com a mulher pega em flagrante adultério.
Ele fez isso com o ladrão na cruz.
E ele fará isso por você.

Deus não pode desistir de você. Não faz parte da natureza dele. A bondade e a misericórdia divinas seguirão você todos os dias da sua vida. Tudo o que você precisa fazer é dar meia-volta. Tudo o que você tem a fazer é entrar de penetra na festa!

Desesperados

Aquela prostituta *não* constava da lista de convidados. Disso eu tenho certeza. Mas ela era ótima em entrar e sair pela porta dos fundos. Com certeza, haveria lugares e momentos mais seguros para ungir Jesus, mas ela decidiu entrar de penetra. Ela não podia esperar. Nada a impediria.

Jesus não tinha tempo para a religiosidade. O protocolo religioso não significava nada para ele. Se significasse, ele teria escolhido fariseus como seus discípulos. Jesus amava, louvava e recompensava uma coisa:

um desespero por Deus que superasse o decoro. Jesus amava os espiritualmente desesperados.

Jesus honrou o cobrador de impostos que subiu em uma árvore com suas vestes finas apenas para vê-lo de relance, e acabou jantando com ele. Jesus honrou os quatro amigos que escalaram o telhado de uma casa e ali fizeram um buraco, e curou o amigo paralítico. Jesus honrou a mulher que abriu caminho na multidão apenas para tocar na borda de suas vestes, e curou sua doença crônica. E Jesus honrou essa prostituta que entrou de penetra, restaurando a dignidade dela e dando-lhe uma nova oportunidade na vida.

Nada mudou.

Deus ainda honra pessoas desesperadas que sobem em árvores, abrem caminho na multidão e entram de penetra em um jantar.

Quão desesperado você está?

Desesperado o suficiente para tomar uma atitude, mudar alguma coisa, fazer um sacrifício?

Desesperado o suficiente para orar a noite inteira? Ler toda a Bíblia? Reconciliar um conflito? Insistir com um amigo que é uma alma perdida? Doar as suas economias para uma causa do Reino?

Desesperado o suficiente para se comprometer completamente com Deus?

A verdadeira espiritualidade é "o lugar em que o desespero encontra Jesus".[4]

O caminho com menor resistência *nunca* nos leva para onde queremos ir. Atalhos sempre acabam sendo becos sem saída. A chave para o crescimento espiritual é a disposição de sair do seu caminho por Deus. Você encontrará Deus em momentos e lugares inconvenientes. No entanto, se você sair do seu caminho por causa de Deus, Deus sairá do caminho dele por você.

Entre de penetra na festa!

---

[4] YACONELLI, Michael. **Messy Spirituality**. Ed. rev. Grand Rapids: Zondervan, 2007. p. 46.

Parte 3
Esforço máximo

Capítulo 8

Observadores da mureta de proteção

De todos os objetivos de vida que atingi, escalar o Grand Canyon lado a lado com o meu filho Parker está no topo da lista. Em parte, por causa da beleza; em parte, por causa da dificuldade. Comprometer-me completamente significou esforçar-me ao máximo. Acho que nunca fiz nada com maior exigência física, mas foi isso o que tornou a caminhada tão memorável. Foi necessário um esforço imenso para alcançar o outro lado.

O meu primeiro relance do Grand Canyon através da janela do Grand Canyon Lodge foi inesquecível. Fiquei ali observando por cerca de uma hora. Depois da visão de minha esposa entrando na igreja no dia do nosso casamento, nenhuma imagem ficou impressa de forma tão permanente no meu córtex visual. E duvido que alguma coisa a sobrepuje até que eu cruze o contínuo tempo-espaço e encontre o Criador do Canyon face a face. Simplesmente chamar o Grand Canyon de uma das sete maravilhas naturais do mundo parece uma blasfêmia geológica e teológica. Obra magna a descreveria melhor. Quando o pôr do sol pinta a parede ocidental em tons de rosa e violeta, é como ver o reflexo do Criador. Caminhei na trilha Inca e escalei o Half Dome, mas esses desafios não chegaram nem perto do perigo de atravessar quase 40 quilômetros de cânion em dois dias com elevações de pouco mais de 1,5 quilômetro cada. E fizemos isso debaixo de uma temperatura de 43°C! Perdi 5 quilos em dois dias! Acredite, há formas bem mais fáceis e seguras de perder peso do que a "dieta do Grand Canyon".

Descer a trilha North Kaibab antes do amanhecer forçou todas as juntas e todos os músculos que o meu corpo de 37 anos já não usava havia duas décadas, mas a minha maior preocupação era a segurança do meu filho de 12 anos. Eu acreditava que tínhamos água suficiente nas nossas mochilas, mas o líquido acabou, e percorremos quase 5 quilômetros com câimbras até chegarmos ao destino do primeiro dia. Fui monitorando Parker: "Como você está se sentindo numa escala de 1 a 10?". O número caía cada vez mais, até que ele respondeu: "Menos 1!". Nesse momento, fiquei imaginando se não seríamos os turistas excessivamente confiantes sobre quem os guardas florestais nos haviam advertido, aqueles que precisam ser resgatados de helicóptero.

Ao anoitecer, quando chegamos ao Phantom Ranch no vale do cânion, éramos como um carro que chega ao posto de combustível na última gota. Tínhamos energia apenas para jantar e cair na cama. Quando o despertador tocou às 4h30 da manhã seguinte, senti-me paralisado. Escolhêramos a rota mais curta, porém mais íngreme, para sair do parque com dezenas de curvas em cotovelo na última etapa. Tínhamos feito uma escolha ruim.

Enquanto ziguezagueávamos subindo a trilha Bright Angel, conseguimos ver centenas de turistas apoiando-se na mureta da margem sul. Eles estavam tão mesmerizados com a grandiosidade do lugar como nós tínhamos ficado no dia anterior. Foi então que percebi o contraste. As nossas roupas estavam cobertas de poeira alaranjada misturada a manchas salgadas de suor. As moscas voavam em volta. Os turistas pareciam ter acabado de pegar suas roupas bem passadas na lavanderia. Nós estávamos sedentos e queimados do sol. Cansados até os ossos! E eles pareciam ter acabado de sair do banho de um quarto de hotel com ar condicionado. Alguns estavam comendo sorvete.

Por um segundo, senti pena de mim. Mas em seguida senti pena deles. Por quê? Porque estavam *assistindo a tudo* e ao mesmo tempo *perdendo tudo*. Não podemos ver de fato o que não experimentamos pessoalmente. Nesse momento, criei um nome para as pessoas que ficam paradas assistindo, mas nunca caminham pelo cânion.

Apelidei-os de observadores da mureta de proteção.

Quando Parker e eu chegamos ao lado sul, a primeira coisa que fizemos foi virar e olhar a trilha que havíamos percorrido. Estávamos bem perto dos observadores e com a mesma vista, mas eles não a apreciavam como nós. Não podiam. Eles a estavam *vendo* em segunda mão, mas nós a *experimentáramos* em primeira mão. Tenho certeza de que alguns daqueles observadores sabiam algumas coisas sobre o cânion que nós não sabíamos — fatos que leram em algum guia de viagem ou no folheto do parque. Portanto, poderíamos dizer que eles sabiam mais sobre o parque do que nós, mas isso não passava de conhecimento. Era intelectual, não experimental. Era informacional, não transformacional. Quem caminha pelo parque conhece coisas que os que só observam nunca conhecerão! Observadores podem falar muito a respeito, mas caminhantes percorreram o caminho.

A questão é a seguinte: há muita diferença entre *conhecer sobre Deus* e *conhecer Deus*. A diferença entre os dois é a distância entre a margem norte e a margem sul, com o cânion no meio.

Foi aí que um pensamento cruzou a minha mente: *a maioria dos cristãos é observadora da mureta de proteção!*

Não recebemos crédito por apenas ouvir

Todos nós queremos passar a *eternidade* com Deus. Apenas não queremos passar *tempo* com ele. Ficamos olhando de longe, satisfeitos com a superficialidade. Entramos no Facebook mais do que buscamos a face de Deus. Digitamos mais do que estudamos a Palavra. E os nossos olhos não estão fixos em Jesus. Eles estão fixos nos nossos iPhones e iPads — a ênfase está no "eu".[1] Depois nos perguntamos por que Deus parece tão distante. É porque estamos apenas observando apoiados na mureta de proteção. Ficamos nos perguntando por que estamos cansados da nossa fé. É porque estamos resistindo.

Queremos alegria sem sacrifício.
Queremos caráter sem sofrimento.
Queremos sucesso sem fracasso.
Queremos ganho sem perdas.
Queremos um testemunho sem passar pelo teste.
Queremos tudo sem entregar nada.

O caráter de Deus é como o Grand Canyon. Nas palavras de A. W. Tozer: "A eternidade não será longa o suficiente para conhecermos tudo o que ele é, ou para louvá-lo por tudo o que faz".[2] Mas não conheceremos Deus observando-o de longe. Precisamos mergulhar nas profundezas de seu poder e subir nas alturas de sua santidade. Precisamos atravessar de um lado ao outro com Deus. E, se você der um único passo de fé guiado pelo Espírito na direção de Deus, a adrenalina espiritual correrá pelas suas veias uma vez mais.

Assistir a um culto de 60 minutos na igreja não é suficiente. As igrejas estão cheias de turistas espirituais que acreditam que, ao sentar e ouvir, cumpriram seu dever espiritual. Não recebemos crédito por sentar e ouvir. Ir à igreja é uma coisa boa, mas sentar em um banco por 60 minutos não é o plano

---

[1] Referência ao nome dos aparelhos (iPhone, iPad), já que "eu" em inglês é *I*. [N. do T.]
[2] Tozer, A. W. **The Pursuit of God.** Radford, VA.: Wilder, 2008. p. 30. [**À procura de Deus.** Belo Horizonte: Betânia, 1985.]

máximo de Deus para nós. Na verdade, a igreja pode prejudicar o plano de Deus ao se tornar uma forma sutil de codependência espiritual. Permitimos que outra pessoa adore por nós, estude por nós e ore por nós. Então, em vez de nos entregarmos completamente a Deus, as igrejas se tornam o nosso refúgio.

É aí que os frequentadores de igreja se transformam em observadores da mureta de proteção.

Você é um dos que observam ou um dos que percorrem o caminho? Você se entrega completamente àquilo em que acredita?

Enfrente a caminhada

Neste ano, faremos 25 viagens missionárias como igreja. O nosso objetivo são 52 viagens por ano; assim, quando uma equipe estiver chegando, a outra estará partindo. Este é o motivo pela qual viagens missionárias são uma prioridade para nós: elas transformam pessoas que só observam em pessoas que percorrem o caminho! Nos meus cálculos, uma viagem missionária vale mais do que 52 pregações!

O ensino que já recebemos ultrapassa em muito o nosso nível de obediência. O que menos precisamos é de outro sermão. Por favor, não interprete mal o que estou dizendo. Precisamos estudar a Palavra de Deus diligentemente.[3] Mas não precisamos saber mais. Precisamos fazer mais com o que sabemos. No último dia, Deus não vai dizer: "Bem pensado, sr. Intelectual" ou "Muito bem dito, sr. Orador". Há apenas um louvor: "Muito bem, servo bom e fiel!".[4]

Tenho uma compreensão simples a respeito da maturidade espiritual. Trata-se de o *teórico* tornar-se *experimental*. Quando lemos um versículo das Escrituras pela primeira vez, ele não passa de uma teoria porque ainda não o vivemos pessoalmente. Até que a vivenciemos, a graça de Deus é apenas uma teoria. Uma vez que passamos a experimentá-la, ela se torna a

---

[3] 2Timóteo 2.15.
[4] Mateus 25.23.

realidade que redefine a nossa vida. O mesmo princípio é válido para as promessas. Temos de prová-las, colocando-as em prática. Então, quando Deus cumpre, a teoria se torna realidade. Assim, com o passar do tempo, a Bíblia se torna mais experiencial e menos teórica. Versículo a versículo, a Bíblia passa a ser a sua realidade espiritual — uma realidade muito mais real do que a realidade que você consegue perceber por meio dos seus cinco sentidos.

Em hebraico, não há distinção entre *saber* e *fazer*. Saber é fazer, e fazer é saber. Em outras palavras, se você não está fazendo, então não sabe de fato. Você é um observador da mureta de proteção.

Enfrente a caminhada!

É hora de comprometer-se realmente.

Entregar-se totalmente quer dizer "esforçar-se ao máximo".

É dar a Deus tudo o que temos — 100%. É amar a Deus de *todo* o coração, alma, mente e força. Não é apenas adorar a Deus com palavras. É adorar a Deus com sangue, suor e lágrimas. É mais do que apenas ter sentimentos sinceros. É trabalhar duro pelas causas do Reino.

Você não pode ser as mãos e os pés de Jesus se ficar sentado no sofá.

A igreja não é como um esporte para espectadores. Na verdade, não podemos *ir à igreja*, porque *somos a igreja*. A igreja não é um prédio com um endereço específico. Não é uma reunião com horário determinado. Se você *é* a igreja, então a igreja está onde você estiver! A National Community Church não é uma igreja com sete sedes. Estamos situados em milhares de locais, a Casa Branca, o Capitólio, o Departamento de Estado e o Pentágono, apenas para citar alguns.

O seu local de trabalho é o seu campo missionário.

O seu trabalho é a sua pregação.

Os seus colegas são a sua congregação.

É por isso que sempre terminamos os nossos cultos com a seguinte bênção:

Quando sair deste lugar, você não sai da presença de Deus. Você leva a presença de Deus a todo lugar aonde for.

capítulo 9 | Suba o penhasco

> Saul estava sentado debaixo de uma romãzeira na fronteira de Gibeá, em Migrom. Com ele estavam uns seiscentos soldados. (1Samuel 14.2)

Recentemente, tomei um voo transatlântico da Etiópia a Washington. Cansei-me de ler logo depois que passamos pelo estreito de Gibraltar e então decidi assistir a um filme chamado *Compramos um zoológico*. O filme é baseado em uma história verídica, e Matt Damon faz o papel de um escritor britânico, Benjamin Mee, que resgata um zoológico decadente ao mesmo tempo que faz as pazes com sua vida de viúvo e pai. Uma das falas do filme é inesquecível: "Às vezes, tudo o que precisamos é de 20 segundos de coragem insana". Essa não é apenas uma frase excelente em um roteiro bem escrito; também pode mudar o roteiro de sua vida.

Vinte segundos de coragem insana.
É o suficiente.

Foi mais ou menos esse o tempo que Pedro precisou para sair do barco no meio do mar da Galileia. Foi esse o tempo que Davi levou para desafiar Golias. Foi mais ou menos esse tempo que Zaqueu levou para subir na árvore.

A história se transforma em um piscar de olhos, e esse piscar de olhos é uma resolução decisiva que toma cerca de 20 segundos de coragem insana. No entanto, se você tiver a coragem de dar um único passo de fé e escalar o penhasco, isso mudará sua vida para sempre.

Foi disso que precisei para entregar a minha vida a Jesus Cristo.

Foi disso que precisei para telefonar a Lora e a convidar para o nosso primeiro encontro.

Foi disso que precisei para dizer *sim* à ideia de fundar uma igreja em Washington.

Vinte segundos de coragem insana.
É o suficiente.

Que decisão difícil você precisa tomar?
Que conversa difícil você precisa ter?
Que risco louco você precisa correr?

Loucura santa

Às vezes, um instante da vida de uma pessoa é uma caricatura do caráter dessa pessoa. Saul teve um desses momentos. Você consegue enxergar Saul beliscando uma fruta, reclinado à sombra de uma romãzeira? Aposto que alguns dos soldados rasos o estavam abanando! Em vez de ir à luta contra o inimigo, o líder do exército de Israel estava abrindo romãs. E isso não surpreende, já que Saul tinha uma longa história de deixar que os outros lutassem as batalhas por ele. Saul era um observador na mureta de proteção! Entretanto, seu filho Jônatas não era nada disso. Jônatas era um escalador de penhascos. A visão que cada um tinha da mesma situação era tão diametralmente oposta que é difícil acreditar que eles tinham os mesmos genes.

Saul estava lutando para não perder. Jônatas estava lutando para ganhar. Essa é a diferença entre o medo e a fé. Se deixarmos que o medo dite as nossas ações, viveremos de forma defensiva, reativa e precavida. Viver pela fé é jogar no ataque na vida. Essa é a diferença entre esconder coisas de Deus e entregar-se completamente a ele.

Vinte segundos de coragem insana.

Não consigo pensar em uma descrição melhor do que Jônatas indo à luta contra os filisteus. Foi uma loucura, mas, se Deus estiver nela, é uma loucura santa.

Não fique surpreso se as pessoas zombarem de você, se o criticarem e rirem quando você fizer alguma loucura. Na verdade, se você não está sendo criticado, é aí que precisa se preocupar. Supere e avance. Quando você subir o penhasco, as pessoas poderão pensar que você é louco, mas a única alternativa que elas têm é pensar que você é normal. Você quer ser normal? É essa sua aspiração ou inspiração? A minha também não é! Podem me chamar de louco, mas normal é a última coisa que desejo ser!

Estou certo de que os outros 11 discípulos vez ou outra brincavam com Pedro por ele ter afundado no mar da Galileia, mas *eles* nunca caminharam sobre as águas, caminharam? Você já percebeu como a maioria das pessoas que critica os que caminham sobre as águas faz isso de dentro do barco seguro? E a maior parte das pessoas que critica os que escalam penhascos faz a crítica lá debaixo.

Os irmãos de Davi o criticaram por ter desafiado Golias, mas Davi escreveu a história enquanto seus irmãos ficaram só observando! E tenho certeza de que a multidão se divertiu ao ver um cobrador de impostos subir em uma árvore para ver Jesus, mas *eles* não foram convidados para jantar com Jesus.

Então o que motivou Jônatas a subir o penhasco? O que ativou os 20 segundos de coragem insana? O que aplacou seu medo?

Permita-me descrever a cena.

Durante os primeiros anos do reinado de Saul, os filisteus controlavam a fronteira ocidental de Israel, e as batalhas eram travadas em um lugar chamado Micmás. Saul parecia satisfeito em ficar observando, mas Jônatas queria estar na linha de frente.

> *"Vamos ao destacamento filisteu, do outro lado."*[1]

Entregar-se completamente a Deus sempre começa com um passo de fé. Geralmente é o passo mais longo, difícil e assustador. Mas, quando agimos motivados pela glória de Deus, isso move o coração e a mão de Deus.

Chega um momento na vida em que suficiente não é mais suficiente. A dor de permanecer igual é maior do que a dor da mudança. Rejeitamos o *status quo*. Recusamo-nos a permanecer os mesmos.

Esse foi um desses momentos para Jônatas.

O título na *New Living Translation* [Nova tradução viva] para esse episódio é "O plano ousado de Jônatas". Para ser totalmente honesto, parece um plano tolo. Está entre as piores estratégias militares que já existiram. Jônatas expõe-se ao inimigo à plena luz do dia e em uma posição inferior. Em seguida, ele combina com a tropa um sinal para determinar se deveriam ou não atacar o inimigo.

> *"Mas, se disserem: 'Subam até aqui', subiremos, pois este será um sinal para nós de que o Senhor os entregou em nossas mãos."*[2]

Se eu tivesse definido o sinal teria feito exatamente o contrário! Se eles descerem até nós, esse será o sinal. Ou, melhor ainda, se eles caírem do penhasco, esse será o nosso sinal. Jônatas escolhe a opção mais

---

[1] 1Samuel 14.1.
[2] 1Samuel 14.10.

difícil, perigosa e ousada que existe. Mas é por isso que gosto tanto dela. Quando foi que começamos a acreditar que Jesus morreu para que ficássemos em segurança? Ele morreu para nos tornar ousados! A vontade de Deus não é um plano de seguro. É um plano de ousadia.

Não estou certo do que era mais perigoso — subir o penhasco ou lutar contra os filisteus. Não havia garantia nem mesmo de que Jônatas sobreviveria à escalada. Os filisteus não jogaram uma corda. E, mesmo que ele conseguisse chegar ao topo, Jônatas e seu escudeiro estavam em desvantagem de dez para um.

Uma vez fui escalar uma rocha, e as minhas mãos permaneceram cerradas muito tempo depois. Você pode imaginar ter de lutar com espada depois de escalar um penhasco? Essa é uma imagem excelente do que significa entrega completa! Não é procurar o caminho mais fácil. É um ataque sem reservas. É não seguir pelo caminho de menor resistência. É comprometer-se com o caminho de maior glória, e isso geralmente significa a opção mais difícil e arriscada disponível. É a diferença entre deixar as coisas acontecerem e fazê-las acontecer. No entanto, Jônatas sabia que, se seguisse em frente, a despeito das probabilidades contrárias, Deus receberia toda a glória.

Então o que motivou Jônatas? O que provocou seus 20 segundos de coragem insana? O que dominou seu medo e alimentou sua fé? O que lhe deu a velha ousadia para escalar o penhasco?

É impossível fazer uma análise psicológica de alguém que viveu milhares de anos atrás, mas uma afirmação revela o *modus operandi* de Jônatas. Era o código-chave de seu sistema operacional. E é uma das minhas frases favoritas em toda a Bíblia. Na verdade, é a nossa filosofia de ministério na National Community Church. A declaração de Jônatas revela tudo o que preciso saber sobre ele.

*"Talvez o S*ENHOR *aja em nosso favor."*[3]

---

[3] 1Samuel 14.6.

Acredito que a maioria das pessoas age com a mentalidade oposta: talvez o Senhor *não* haja em nosso favor. Elas permitem que o medo, não a fé, dite suas decisões. Assim elas acabam sentadas debaixo de uma romãzeira nos arredores de Gibeá.

A nossa falta de coragem é na verdade uma falta de fé. Em vez de jogarmos para vencer, jogamos para não perder. Contudo, escaladores de penhascos prefeririam cair de cara no chão a ficar sentados sem fazer nada. Eles preferem cometer erros a perder oportunidades. Escaladores de penhascos sabem que um passo de fé pode ser um ponto de virada que mudará não apenas o destino *deles*, mas o curso da História. E foi precisamente isso o que aconteceu como resultado da atitude ousada de Jônatas.

"Assim o Senhor concedeu vitória a Israel naquele dia".[4]

Bastava uma decisão destemida! E isso é sempre suficiente.

O penhasco de Jônatas é como a toca do coelho de Alice. Se você não for até o fundo do buraco, ou se não subir o penhasco, nunca saberá o que poderia ter acontecido. Não quero ficar imaginando *e se*. O pesar é mais longo quando é um pesar por não ter agido, pelas coisas que poderiam ter sido feitas, ou deveriam ter sido feitas e não foram. Por quê? Porque nunca saberemos. Esse tipo de arrependimento perseguirá você até o dia da sua morte.

O dia de hoje, porém, pode ser *aquele dia*. E tudo o que você precisa é de uma resolução decisiva.

Recentemente, falei algumas palavras em uma cerimônia de formatura de faculdade. Permita-me compartilhar com você esse manifesto. Trata-se simplesmente de se comprometer integralmente com Deus e entregar tudo por ele.

---

[4] 1Samuel 14.23.

Pare de viver como se o propósito da vida fosse chegar à morte em segurança.

Estabeleça metas do tamanho de Deus. Persiga as paixões que Deus concedeu a você. Vá atrás

de um sonho que esteja destinado a fracassar se não for por intervenção divina.

Continue fazendo perguntas. Continue cometendo erros. Continue buscando Deus.

Pare de apontar erros e seja parte da solução.

Pare de repetir o passado e comece a criar o futuro.

Pare de tentar viver em segurança e comece a correr riscos.

Expanda os seus horizontes. Acumule experiências. Desfrute da jornada.

Encontre todas as desculpas que puder para celebrar tudo o que for possível.

Viva como se hoje fosse o primeiro e o último dia da sua vida.

Não permita que o que há de errado em você o impeça de adorar

o que há de certo em Deus.

Queime as pontes do pecado. Desvende novos caminhos.

Não permita que o medo determine as suas decisões. Dê um salto de fé.

Pare de resistir. Não se detenha.

Entregue-se completamente a Deus. Entregue tudo a Deus.

Vá à luta

Tenho um amigo, Bob Goff, que é cheio de extravagâncias. Essa é uma forma gentil de dizer que ele é louco! E Bob seria o primeiro a admitir isso, a celebrar essa loucura. Se você ainda não leu o livro que ele escreveu, *Love Does* [O amor faz], precisa ler. Certa noite, depois de Bob ter pregado na National Community Church, saímos para jantar, e Bob nos desafiou a *nos responsabilizarmos por um país!* Ele não estava brincando! Com um sorriso no rosto, ele disse: "Por que não?". E porque Bob não nos desafiaria, depois de Deus ter usado esse homem sozinho para impactar Uganda? Falaremos mais sobre isso em um momento.

Há dois tipos de pessoas no mundo: aquelas que perguntam *por que* e aquelas que perguntam *por que não*. Entregar tudo a Deus é perguntar por que não. Quem pergunta *por que* está procurando uma desculpa. Quem pergunta *por que não* está em busca de oportunidades. Quem pergunta *por que* está com medo de cometer erros. Quem pergunta *por que não,* não quer perder as oportunidades que Deus lhe dá!

Conheci Bob no National Prayer Breakfast [Café da manhã nacional de oração] em Washington, DC. Ele estava em um grupo que tratava de tráfico de pessoas. Por meio de uma louca confluência de acontecimentos que apenas Deus poderia ter orquestrado, Bob foi nomeado cônsul honorário da República de Uganda nos Estados Unidos. E ele é um cidadão estadunidense. Inexplicável!

Grande parte do trabalho de Bob em Uganda envolve lutar por aqueles que não podem lutar por si mesmos. A cada ano, curandeiros matam centenas de crianças em sacrifícios rituais. Um menininho chamado Charlie deveria ser uma dessas crianças; entretanto, apesar de ter sido brutalmente desfigurado, ele conseguiu escapar com vida. Bob processou e conseguiu a primeira condenação de um feiticeiro na história do país. Ele também ficou amigo de Charlie. Levou Charlie para os Estados Unidos, onde o menino poderia receber o procedimento cirúrgico de que necessitava, e lhe assegurou uma bolsa de estudos para cursar uma faculdade no futuro.

Durante a discussão naquele grupo, Bob fez um comentário casual que se transformou no meu "mantra" pessoal: *vá a luta*. Essa afirmação simples mexeu com alguma coisa dentro de mim.

Foi exatamente isso o que Jônatas fez. Ele decidiu ir à luta contra os filisteus. Ele estava cansado de recuar, por isso se levantou. Estava cansado de jogar na defesa, por isso decidiu atacar. Estava cansado de manter o *status quo*, por isso decidiu romper com ele.

Como podemos ir à luta?

Começamos ficando de joelhos. A oração é ir à luta contra o Inimigo. É guerra espiritual. A intercessão nos tira da retaguarda e nos coloca na linha de frente sem precisarmos ir a lugar algum. E é aí que ganhamos ou perdemos a batalha. A oração é a diferença entre lutarmos por Deus e Deus lutar por nós. Mas não podemos apenas dobrar os joelhos. Precisamos dar um passo, precisamos nos posicionar. E, quando fazemos isso, não sabemos o que Deus fará em seguida.

Aqui está o resto da história.

Depois de conseguir a condenação do feiticeiro, Bob o visitou na prisão. Aquele feiticeiro entregou a vida a Jesus Cristo e agora está pregando o evangelho a outros prisioneiros. É isso o que pode acontecer quando vamos à luta contra o Inimigo! Não se trata de ganhar uma batalha. Trata-se de ganhar a vida das pessoas!

Jogue no ataque

Penso que nós convenientemente nos esquecemos de que nascemos no meio de um campo de batalha. A batalha cósmica entre o bem e o mal é travada ao nosso redor o tempo inteiro, e mesmo assim vivemos como se fosse tempo de paz. Há dois mil anos, Jesus reuniu as tropas e ordenou que empunhássemos as armas espirituais.

> [...] *edificarei a minha igreja, e as portas do Hades não poderão vencê-la.*"[5]

---

[5] Mateus 16.18.

Portas são medidas defensivas. Isso quer dizer, por definição, que somos chamados para jogar no ataque! Fidelidade não é guardar o forte. É atacar as portas do inferno e reconquistar o território que pertence a Deus.

Receio que tenhamos reduzido justiça a ausência de erro, mas precisamos reconhecer que bondade não é ausência de maldade. Você pode não fazer nada errado e ao mesmo tempo não fazer nada certo. Lembra-se da parábola dos talentos? Não perder, mas também não ganhar, é ruim. Temos de pagar toda a dívida.

Não ficamos sem fazer nada por muito tempo na National Community Church. Estamos sempre pensando no que faremos em seguida. Adotamos um pequeno lema que passou a fazer parte da nossa mentalidade: *Em suas marcas. Apontar. Já.* Pode parecer um retrocesso, mas é o modo com que seguimos avançando. Se ficarmos esperando até estarmos prontos, esperaremos pelo resto da vida. Nunca teremos os recursos humanos e financeiros para fazer o que Deus nos chamou a fazer. E, se tivermos, é porque o nosso sonho é muito pequeno.

Há dois mil anos, Jesus disse: *Vão*. Recebemos luz verde para avançarmos. Você precisa certificar-se de que é a vontade de Deus? É claro que sim. Mas não deixe que o fato de buscar a vontade de Deus seja uma desculpa para não entregar tudo a ele.

Não creio que ter muitos locais de reuniões seja a única ou a melhor forma de organizar uma igreja. Mas um dos motivos pelos quais amo essa metodologia é que não permanecemos confortáveis por muito tempo. Estamos sempre procurando pela próxima oportunidade que receberemos de Deus. Isso nos mantém no ataque em termos de organização.

Tento conduzir a minha vida pessoal da mesma maneira. É por isso que acredito muito em estabelecer objetivos na vida. Não alcançamos nenhum dos objetivos que não estabelecemos. Objetivos são sonhos que contêm alvos definidos. E, quando nós os estabelecemos, ele nos mantêm no ataque. Se você quiser ver a lista dos objetivos da minha vida, confira o livro *The Circle Maker* [O homem que fazia círculos].

Além dos meus 113 objetivos de vida, compartilho dez passos para você estabelecer objetivos para a sua vida.

Encare os seus medos

Alguns meses atrás, tomei um café com um membro do Conselho de Washington, DC. Eu queria conhecer a opinião dele a respeito das maiores necessidades da nossa cidade para saber de que maneira nós, como igreja, poderíamos ajudar a suprir essas necessidades. Tivemos uma ótima conversa que abrangeu desde os órfãos até os desabrigados.

No final da conversa, perguntei ao membro do conselho se podia orar por ele. Eu sabia que ele acabara de se lançar na corrida à prefeitura, por isso estava sofrendo a pressão da política em um novo patamar. Ele não me respondeu imediatamente, e fiquei imaginando se o teria ofendido. Todavia, sua resposta profundamente honesta foi resultado de uma séria introspecção. Ele me olhou nos olhos e disse: "Ore para que eu não permita que o medo determine as minhas decisões".

Se a eleição fosse naquele momento, ele teria conquistado o meu voto.

Permitimos que muitas coisas diferentes determinem as nossas decisões, não é mesmo?

Na cidade em que vivo, geralmente as decisões são tomadas com base em pesquisas de opinião em vez de em princípios morais. Mas todos nós estamos sujeitos ao orgulho, cobiça, raiva e ciúmes. Esses sentimentos ditatoriais muitas vezes afetam as nossas decisões de uma maneira subconsciente. Mas o pior ditador é o medo que nos governa por meio da intimidação. E o maior filisteu entre eles é o medo do fracasso.

O fracasso na minha primeira tentativa de estabelecer uma igreja foi ao mesmo tempo terrível e maravilhoso. Representou um golpe mortal para o meu ego, mas foi exatamente isso que me libertou. Descobri que o fracasso não é o fim do mundo. Deus estava lá para me erguer e me curar. O fracasso *não* é o inimigo do sucesso; é seu maior e mais próximo aliado! Tratamos sucesso e fracasso como se fossem antagônicos.

Entretanto, o fracasso faz parte de toda história de sucesso. Pense nele como se fosse o prólogo.

Você precisa escolher um ditador. Você pode deixar que o medo dite as suas decisões, ou pode deixar que a fé dite as suas decisões. Quem ou o que você permitir que dite as suas decisões acabará determinando se você será um observador na mureta de proteção ou alguém que escala penhascos.

Antes seguro do que arrependido

É importante distinguir entre questões de *personalidade* e questões *espirituais*. Compreendo que todos nós temos um limite de risco diferente. Algumas pessoas parecem gostar de correr riscos, enquanto outras não. E, para uma pessoa com baixa tolerância a riscos, um pequeno risco é, na verdade, um grande risco. Cada um de nós se encontra em uma região diferente do espectro do risco, mas, só porque você não é naturalmente uma pessoa que arrisca, não significa que esteja isento por causa da sua personalidade.

Pense da seguinte forma. Há dons espirituais como misericórdia, fé ou generosidade que permitem às pessoas *estabelecer um padrão*. Mas só porque você não tem esse dom em especial, não significa que você não se encaixa em padrão algum. Mesmo que você não tenha um dom nessa área, continua sendo chamado a viver em misericórdia, fé e generosidade. Talvez você não *estabeleça o padrão*, mas mesmo assim precisa *alcançar o padrão*. Cada um de nós é chamado a atingir um nível mínimo. Quando a oportunidade se apresenta, precisamos mostrar misericórdia, exercitar a fé e doar generosamente. Nesse mesmo sentido, todos nós somos chamados a correr riscos. Se a oportunidade não envolver riscos, não exercitará a fé.

Alguns psicólogos da Universidade de Michigan[6] realizaram uma década atrás um estudo fascinante que redefiniu a minha forma de pensar

---

[6] GEHRING, William J.; WILLOUGHBY, Adrian R. The Medial Frontal Cortex and the Rapid Processing of Monetary Gains and Losses. **Science 295.5563.** 22 mar. 2002. p. 2279-2282.

sobre o medo. Voluntários usaram um capacete de eletrodos que permitia aos pesquisadores analisar a atividade cerebral em resposta a ganhos e perdas em um jogo de apostas simulado por computador. A cada aposta, o córtex frontal medial mostrava atividade elétrica aumentada em uma questão de milissegundos. Mas o que intrigou os pesquisadores foi que a negatividade medial frontal mostrava uma queda maior após perdas do que a elevação no frontal medial da positividade após ganhos. Os pesquisadores chegaram a uma conclusão simples, mas profunda: *as perdas se acumulam mais do que os ganhos*. Em outras palavras, a aversão à perda de certa magnitude é maior do que a atração a um ganho de mesma magnitude.

Talvez isso explique por que tantas pessoas não joguem com receio de perder. É a nossa configuração neurológica padrão. Nós nos fixamos em pecados cometidos em vez de em pecados de omissão. E talvez seja por isso que abordamos a vontade de Deus com uma mentalidade do tipo "antes seguro do que arrependido".

Creio que a maioria de nós é muito titubeante no que se refere à vontade de Deus. Temos tanto medo de tomar a decisão errada que não tomamos decisão alguma. E não tomar uma decisão é por si só uma decisão. Chama-se indecisão.

Posicione-se

Em 31 de outubro de 1517, um monge chamado Martinho Lutero foi à luta contra o sistema religioso. Ele teve a audácia de desafiar o *status quo* ao atacar a venda de indulgências. Lutero pregou 95 teses na porta da Igreja de Todos os Santos em Wittenberg, Alemanha, e deu início à Reforma Protestante.

Tive o privilégio de visitar Wittenberg alguns anos atrás no dia de comemoração da Reforma. O que me surpreende é como um monge pouco conhecido em uma pequena aldeia no meio do nada pôde impactar a História da forma que ele impactou. Mas é isso o que acontece quando você se entrega sem restrições.

Não creio que Martinho Lutero soubesse que estava fazendo história enquanto fazia história, mas os nossos pequenos atos de coragem têm um efeito dominó. Quando fazemos o que é certo, sem nos importarmos com as circunstâncias ou consequências, preparamos o ambiente para Deus entrar em ação. Tudo o que precisamos fazer é nos posicionar, entrar em ação ou sair do caminho.

Na dieta de Worms em 1521, Martinho Lutero foi convocado pelo imperador católico Carlos V e julgado por suas crenças. Em vez de se retratar, Martinho Lutero reuniu coragem moral para se posicionar: "A minha consciência foi tomada cativa pela Palavra de Deus. Não posso e não irei retirar nada do que disse. Pois agir contra a nossa consciência não é nem seguro para nós, nem permitido. Nisso eu me posiciono. Deus me ajude. Amém".[7]

Deixe-me apresentar algo mais perto da realidade.

Quem você precisa defender?

Os sem-teto? Os órfãos? Os que não têm voz?

Pode ser um problema, um desafio ou um sonho imenso, mas não permita que o que você não pode fazer o impeça de fazer o que você pode fazer. Dê o primeiro passo! Suba o penhasco. Vá à luta.

Talvez o Senhor haja em seu favor.

---

[7] BETTENSEN, Henry; MAUNDER, Chris (Ed.). **Documents of the Christian Church.** 4. ed. New York: Oxford University Press, 2011. p. 214. [**Documentos da igreja cristã.** São Paulo: Aste/Rio de Janeiro, Juerp, s.d.]

capítulo 10 | Construa a arca

> Pela fé Noé, quando avisado de coisas que ainda não se viam, movido por santo temor, construiu uma arca para salvar sua família. (Hebreus 11.7)

Em 1948, Korczak Ziolkowski foi comissionado pelo chefe Lakota Henry Standing Bear para esculpir uma escultura na montanha que honrasse o famoso líder de guerra Crazy Horse [Cavalo Louco]. A grande ironia é que Crazy Horse nem mesmo permitira que o fotografassem. Imagine como ele se sentiria com uma estátua sua de 170 metros entalhada na face de granito de Black Hills. Ziolkowski investiu mais de três décadas de vida esculpindo a enorme estátua, com quase 3 metros a mais do que o monumento de Washington e os rostos no monte Rushmore. Desde a morte de Korczak em 1982, a família Ziolkowski manteve a visão do pai e prosseguiu esculpindo. A data de término estimada é 2050, apenas um pouco antes de completar cem anos.

Cem anos dedicados a uma tarefa!

É difícil de imaginar, não é? Mas a estátua de Crazy Horse levará vinte anos menos do que o tempo que Noé levou para construir a arca. Se naquela época eles dessem nomes aos barcos como se dá hoje, penso que Loucura Santa seria uma ótima escolha. O projeto de construção da arca de Noé está entre os maiores e mais longos projetos de construção. Penso que deixamos de apreciá-lo pelo que é — um barco realmente grande construído muito tempo atrás! A arca media 300 côvados de comprimento, 50 côvados de largura e 30 côvados de altura. No sistema hebraico de medida, um côvado equivalia a 44,4 centímetros. Isso significa que a arca tinha o comprimento de um campo e meio de futebol americano. Só no final do século XIX é que um barco desse tamanho foi construído novamente, entretanto a proporção de 30:5:3 ainda é considerada o meio-termo ideal para ter estabilidade durante tempestades no mar. O volume interno da arca era de 42.525 m^3 — o equivalente a 569 vagões de carga.[1] Se um animal de tamanho médio equivalesse a uma ovelha, a arca tinha capacidade para 125 mil animais. Para ter uma ideia, há 2 mil animais de 400 espécies diferentes no Zoológico Nacional, em Washington, DC. Isso significa que caberiam 60 zoológicos iguais dentro da arca de Noé!

A construção da arca exigiu uma rara combinação de cérebro e músculos. Seriam necessários os gênios criativos da Mensa.[2] Afinal, era o primeiro barco a ser construído. E não veio com um manual de instruções. Também foi um trabalho extremamente árduo. Custou muitas lágrimas, suor e sangue. Contudo, muito mais do que cérebro e músculo, foi necessária uma dose incalculável de fé para construir a arca.

---

[1] CHRISTIAN INFORMATION MINISTRIES. **Facts on Noah's Ark.** Disponível em: <www.ldolphin.org/cisflood.html>. Acesso em: 14 fev. 2013.

[2] A Mensa é uma sociedade internacional formada por pessoas de alto QI. [N. do T.]

Quem constrói um barco no deserto? Quem é que martela por cento e vinte anos algo de que talvez nem precise? Quem aposta todo o futuro em algo que nunca tinha acontecido?

Segundo a tradição judaica, Noé não apenas começou a construir a arca, mas primeiro ele plantou as árvores. Depois que elas estavam plenamente crescidas, ele as cortou, serrou em tábuas e construiu a arca.

Isso significa entregar tudo a Deus.

Não é uma corrida de velocidade; é uma maratona.

Não é uma busca de 15 minutos de fama. É a busca da glória eterna.

E não se importa com a opinião pública. Vive para o aplauso de mãos perfuradas por pregos.

Longa obediência

Perto do fim da vida, Korczak Ziolkowski explicou seu zelo artístico para aqueles que não entendiam como ele poderia ter devotado a vida inteira a uma tarefa. Ele simplesmente disse: "Quando a sua vida terminar, o mundo perguntará apenas uma coisa: 'Você fez o que deveria ter feito?'".

Essa não é apenas uma boa pergunta. É *a* pergunta.

Você fez o que deveria ter feito?

Essa pergunta não pode ser respondida com palavras. Deve ser respondida com a sua vida.

Noé construiu a arca porque Deus ordenou. Era o que ele deveria fazer. Serrar tábuas e martelar pregos eram atos de obediência. E, quando tudo foi dito e feito, tornou-se o ato de obediência mais longo registrado nas Escrituras. Do início ao fim, o ato único de obediência de Noé levou 43.800 dias!

Fui chamado para escrever livros.

Na verdade, a minha nota em um exame de aptidão para escrever que prestei na época da faculdade ficou abaixo da média, mas eu sabia que fora chamado para escrever. Também sabia que a minha falta de habilidade exigiria maior dependência da unção de Deus. E assim Deus recebe maior glória!

Por treze anos, fui um escritor frustrado. Não conseguia terminar um simples manuscrito. Comecei a desprezar o meu aniversário porque parecia um lembrete anual do meu sonho não realizado. Quando finalmente publiquei o meu primeiro livro, *In a Pit with a Lion on a Snowy Day* [Em uma cova com um leão em um dia de neve], senti mais alívio do que alegria. Soube que finalmente havia feito o que deveria fazer. Escrever é mais do que combinar as letras do alfabeto em palavras e depois em frases e parágrafos e então capítulos. Para mim, escrever um livro é um ato de obediência que geralmente exige de 4 a 6 meses acordando bem cedo e dormindo muito tarde.

Não escrevo com um teclado.

Oro com ele.

Adoro com ele.

Sonho com ele.

Programar o despertador para as primeiras horas da manhã e sentar-me diante do teclado são atos de obediência. É o que devo fazer. Quanto mais difícil for e quanto mais tempo levar, mais Deus será glorificado.

Não importa qual ferramenta você use no seu negócio — um martelo, um teclado, um esfregão, uma bola, uma planilha, um microfone ou uma máquina de café expresso —, usá-la é um ato de obediência. É o mecanismo por meio do qual você adora a Deus. É a forma como você faz o que deve fazer.

Gosto muito da afirmação feita por Martin Luther King Jr. há meio século:

> E, se couber a você ser um varredor de rua, varra as ruas como Michelangelo pintava, como Shakespeare escrevia poesia, como Beethoven compunha; varra as ruas tão bem que todas as multidões celestiais e terrenas terão de

parar e dizer: "Aqui vivia um grande varredor de ruas, que fazia seu trabalho muito bem".³

Sem precedentes

Não sei o que passou pela cabeça de Noé quando Deus lhe disse que construísse um barco, mas acredito que foi algo como *O Senhor deve estar brincando!* ou *O Senhor deve estar louco!* Noé não possuía nem mesmo uma categoria cognitiva para explicar o objeto que Deus lhe ordenava construir. Era algo completamente sem precedentes. Todavia, Noé obedeceu a cada jota e til da revelação que Deus lhe deu.

*"Noé fez tudo exatamente como Deus lhe tinha ordenado."*⁴

Não sei quanto a você, mas quero que Deus revele o segundo passo antes de eu dar o primeiro passo de fé. Contudo, descobri que, se eu não der o primeiro passo, geralmente Deus não revelará o passo seguinte. Precisamos ser obedientes na medida da revelação que Deus nos deu, se quisermos receber mais. E é por isso que ficamos estagnados espiritualmente. Queremos mais revelação antes de obedecermos mais, contudo Deus quer mais obediência antes de revelar mais.

A maioria só seguirá Deus até o ponto de precedência — um lugar onde já estivemos. Mas não além. Tememos fazer o que nunca fizemos porque é um território desconhecido. Por isso não buscamos novos dons, uma nova unção e os novos sonhos que Deus quer nos dar.

Se você quer que Deus faça algo novo, não pode continuar fazendo as mesmas coisas que sempre fez. Você precisa lançar fora o medo do desconhecido. Precisa fazer algo diferente.

---

[3] CARSON, Clayborne (Ed.). **The Papers of Martin Luther King Jr.:** Birth of a New Age, December 1955 — December 1956. Berkeley: University of California Press, 1997. p. 457.
[4] Gênesis 6.22.

Parece apropriado inserir uma ilustração animal, já que Noé organizou o primeiro zoológico. O impala africano é muito conhecido por sua admirável capacidade de saltar. Ele consegue pular a 3 metros de altura e a 9 metros de distância. Poder-se-ia pensar que os tratadores de zoológico têm muita dificuldade para manter os impalas em seus cercados, mas na verdade é muito simples. Um muro de 1 metro resolve o problema. Eis o segredo: um impala não salta se ele não conseguir ver onde vai aterrissar.

Nós temos o mesmo problema, não é mesmo? Queremos uma garantia financeira antes de darmos um passo de obediência, mas isso elimina a fé da equação. Às vezes, precisamos dar um salto de fé.

Precisamos entrar no conflito sem saber se poderemos resolvê-lo. Precisamos compartilhar a nossa fé sem saber como os nossos amigos reagirão. Precisamos orar por um milagre sem saber como Deus responderá. Precisamos nos colocar em uma situação que ative um dom que nunca exercitamos. E precisamos ir atrás de um sonho que está destinado a fracassar se não tiver a intervenção divina.

Se queremos descobrir novas terras, precisamos perder a praia de vista. Precisamos deixar a Terra da Familiaridade para trás. Precisamos navegar além do previsível. Quando fazemos isso, desenvolvemos uma fome espiritual pelo que não tem precedentes e perdemos o apetite para o que é habitual. Também experimentamos o favor de Deus.

Achar a graça

> [...] *Noé achou graça diante de Deus.*[5]

Em uma época em que prevalecia a maldade na terra, um homem se destacava.

A graça de Deus é o que Deus pode fazer por você que você não pode fazer por si mesmo.

---

[5] Gênesis 6.8 (*Almeida Revista e Atualizada*).

É a graça de Deus que abre as portas da oportunidade.

É a graça que transforma a oposição em apoio.

É a graça que pode ajudar você a chegar a uma promoção, passar num concurso ou fechar um negócio.

Oro pedindo a graça de Deus mais do que por qualquer outra coisa. Oro em favor dos meus livros. Oro em favor da National Community Church. E oro em favor dos meus filhos. Orei, baseado em Lucas 2.52, em favor dos meus filhos milhares de vezes:

> [Cresçam] *em sabedoria, estatura e graça diante de Deus e dos homens.*

Como encontramos a graça? A resposta curta é obediência!

Antes de tudo, precisamos entregar a nossa vida ao senhorio de Jesus Cristo. Jesus proclamou a graça de Deus já em seu primeiro sermão. Depois ele selou o acordo com sua morte e ressurreição. A graça é uma função da entrega. Se não entregamos tudo a Deus, Deus não pode entregar tudo a nós.

> [O Senhor] *não recusa nenhum bem aos que vivem com integridade.*[6]

Colocamo-nos em posição de receber a graça de Deus quando andamos em humildade e pureza. Em Cristo, todas as promessas resultam em *sim*. Toda bênção espiritual nos pertence por direito de nascimento. E, se nos consagrarmos a ele, sua graça nos guardará todos os dias.

Em certo sentido, tudo o que precisamos é da graça que encontramos aos pés da cruz. Mas a graça de Deus não está limitada ao reino espiritual. Seu favor se estende também ao reino material. Na vida de Noé, traduziu-se em invenções geniais. Ele era o Leonardo da Vinci e o

---

[6] Salmos 84.11.

Thomas Edison de sua época. Noé não apenas construiu a primeira arca e foi pioneiro da indústria naval, mas também obteve grande variedade de patentes. De acordo com a tradição judaica, Noé inventou o arado, a gadanha, a enxada e inúmeros implementos usados para cultivar o solo. A graça de Deus traduziu-se em ideias de Deus.

Não importa o que você faça, Deus quer ajudar-lhe a fazer isso. Ele quer dar graça ao seu plano de negócio, à sua campanha política, ao seu manuscrito, ao seu plano de aula, ao seu documento legal, ao seu filme e à sua publicidade. Mas você precisa se colocar na posição de receber essa graça, agindo com obediência. E, se Deus souber que ele receberá a glória, você será abençoado muito além da sua capacidade e dos seus recursos.

Se você construir

Uma das minhas frases de filmes preferida é a do filme *Campo dos Sonhos*, de 1989. Kevin Costner faz o papel de um fazendeiro novato e amante de beisebol Ray Kinsella. Em uma das cenas, enquanto caminha em um campo de trigo, Ray ouve um sussurro: "Se você construir, eles virão". Ray literalmente aposta a fazenda e constrói um campo de beisebol no meio do nada. E, depois de muitos questionamentos e grande aperto financeiro, os fantasmas passados do beisebol aparecem misteriosamente e jogam bola.

Há mais de uma década, tive um momento de "campo dos sonhos". No meu caso, não foi um campo de milho em Iowa. Foi uma casa em mau estado no Capitólio. Um dia, quando eu passava por uma dilapidada propriedade pública pela qual já passara uma centena de vezes, ouvi a suave voz do Espírito Santo: "Esta casa em ruínas daria uma ótima cafeteria". Não é fácil discernir entre uma ideia boa e uma ideia de Deus, mas eu estava convencido de que ouvira o Espírito Santo.

O preço original pedido pela pequena propriedade era de 1 milhão de dólares por causa de sua excelente localização. Ela fica a menos de cinco quadras do Capitólio, a uma quadra da Union Station e quase em frente à Comissão de Valores Imobiliários.

Não podíamos pagar esse valor, por isso caminhamos ao redor da nossa terra prometida em oração por cinco anos! Quanto mais orávamos, mais o preço baixava. E, apesar de quatro pessoas terem oferecido mais dinheiro do que nós, acabamos comprando-a por 325 mil dólares.

A visão original era criar um local onde a igreja e a comunidade pudessem cruzar seus caminhos. E, embora parecesse um tanto estranho uma igreja construir uma cafeteria, o método para a nossa loucura foi exemplificado pelo próprio Jesus. Jesus não se encontrava com pessoas religiosas em lugares religiosos. Eles se encontravam em poços — locais de encontro comuns nas culturas antigas. Foi então que percebemos que as cafeterias são os poços pós-modernos! Só que, em vez de água, servimos café. A cafeteria Ebenezer doa cada centavo de lucro que arrecada para missões. Desde a nossa inauguração, mais de 1 milhão de clientes entraram pelas nossas portas, e doamos mais de 750 mil dólares para as causas do Reino. Também fomos eleitos como a cafeteria número 1 na área do metrô de DC.

Espera-se que igrejas construam prédios eclesiásticos, não cafeterias. Compreendo isso. E, quando Deus nos deu a visão original, foi algo sem precedentes. Essa é uma bela forma de dizer que era uma ideia maluca. As causas do Reino, porém, geralmente começam com ideias malucas! Se Deus estiver nessa ideia, é uma loucura santa. Ninguém da nossa equipe tinha experiência empresarial. Ninguém nem mesmo trabalhara em uma cafeteria. E eu nem bebo café! Faltavam-nos a experiência e o conhecimento necessários. Faltavam-nos os recursos humanos e financeiros para colocar a ideia em prática. Mas essa não é a questão. A única questão que importa é:

É isso o que Deus espera que façamos?

Como se

Fé é a disposição de parecer tolo.

Noé pareceu tolo ao construir uma arca no deserto. Sara pareceu tola ao comprar roupas de bebê aos 90 anos. Moisés pareceu tolo ao pedir para o faraó deixar que os escravos partissem. O exército israelita parecia tolo ao rodear Jericó e tocar trombetas. Davi pareceu tolo ao atacar Golias com uma funda. Os reis magos pareceram tolos ao seguir uma estrela até um lugar distante. Pedro pareceu tolo ao sair do barco no meio do lago, no meio da noite. E Jesus pareceu irresponsável ao ser pendurado quase nu em uma cruz.

Contudo, os resultados falam por si, não é mesmo?

Noé permaneceu flutuando durante o dilúvio. Sara deu à luz Isaque. Moisés libertou Israel do Egito. As ruínas de Jericó vieram abaixo. Davi derrotou Golias. Os magos encontraram o Messias. Pedro andou sobre as águas. E Jesus ressuscitou dentre os mortos.

Se você não estiver disposto a parecer tolo, estará sendo tolo. E é por isso que tantas pessoas nunca construíram uma arca, nunca mataram um gigante, nunca andaram sobre as águas.

Então chega um momento em que precisamos apostar tudo. Em que paramos de agir da maneira mais segura. Em que deixamos de fazer o que sempre fizemos. Precisamos construir uma arca ou, pelo menos, plantar algumas árvores, ou cortar algumas tábuas!

Desde que escrevi *The Circle Maker*, recebi milhares de *e-mails* e cartas de leitores que compartilharam comigo seus testemunhos de oração. Um dos meus favoritos faz referência a uma seca devastadora na terra do Delta cinquenta anos atrás. As colheitas de uma estação inteira estavam em perigo quando uma igreja rural do Mississippi composta por famílias de agricultores marcou uma reunião de oração emergencial. Dezenas de fazendeiros apareceram para orar. Todos usavam seu macacão tradicional, exceto um fazendeiro, que calçava botas de borracha. Ele recebeu alguns olhares de deboche, assim como os olhares que, imagino eu, Noé recebeu enquanto construía sua arca. Mas essa fé não é das melhores? Se você acredita genuinamente que Deus irá responder à sua oração por chuva, não é exatamente isso o que você deveria calçar? Por que não se vestir para o milagre? Amo a fé inocente desse fazendeiro experiente. Ele disse simplesmente: "Não quero chegar em casa molhado". E não chegou. Mas todos os outros chegaram!

Não posso deixar de imaginar se não foi aquele único ato de fé que selou o milagre. Não sei com certeza, mas sei que ter fé é agir *como se* Deus já tivesse respondido. E agir como se Deus já tivesse respondido significa agir nas nossas orações, mesmo que isso leve cento e vinte anos.

Continue martelando

Nós não paramos para pensar em como era realmente a vida na arca, mas creio que é seguro dizer que Noé não devia dormir muito. Ele alimentava, limpava e cuidava de milhares de animais o tempo todo. E o cheiro devia chegar ao céu. Você sabia que elefantes africanos produzem cerca de 36 quilos de dejetos todos os dias? O lugar era fedorento e bagunçado. E essa é uma imagem muito precisa de como é a obediência. Obediência significa trabalho duro, e a coisa só fica cada vez mais difícil.

A bênção de Deus vai complicar a sua vida, mas, diferentemente do pecado, vai complicar a sua vida da forma que ela deve ser complicada. Casar com Lora complicou a minha vida. Louvado seja Deus. Temos três complicações chamadas Parker, Summer e Josiah. Não consigo imaginar a minha vida sem essas complicações. E a National Community Church é muito mais complicada agora do que era quando tínhamos apenas 19 membros!

Não importa a visão que Deus deu a você, posso prever que ela *será mais longa* e *mais difícil* do que você imaginava. Noé apresenta um choque de realidade, não é mesmo? Se uma década parece muito tempo para perseguir com paciência uma paixão que foi dada por Deus, tente esperar doze décadas! É incrível o que Deus pode fazer se você continuar martelando por cento e vinte anos! Tendemos a superestimar o que podemos realizar em um ano, mas subestimamos o que Deus pode fazer em uma década.

Admiro os estrategistas — pessoas que enxergam o futuro e lançam uma visão.

Admiro ainda mais os perseverantes — pessoas que colocam um pé depois do outro, um dia de cada vez!

Entregar tudo a Deus não se relaciona a chegar aonde Deus quer que você chegue. Trata-se da pessoa que você se torna no processo. E não se relaciona a quão rapidamente você chega lá. Trata-se de quão longe você vai.

Entregar tudo é completar a carreira.

> *É cruzar a linha de chegada da mesma forma que o apóstolo: "Combati o bom combate, terminei a corrida, guardei a fé".[7]*

---

[7] 2Timóteo 4.7.

capítulo 11 | Pegue a sua aguilhada de bois

Depois de Eúde veio Sangar, filho de Anate, que matou seiscentos filisteus com uma aguilhada de bois. Ele também libertou Israel. (Juízes 3.31)

Em 1963, Edward Lorenz, meteorologista do MIT (Instituto de Tecnologia de Massachusetts), apresentou uma tese à Academia de Ciências de Nova York: o bater de asas de uma borboleta no Brasil poderia alterar as correntes de vento o bastante para causar um tornado no Texas. Sua teoria criou asas no meio acadêmico e passou a ser conhecida pelo público em geral como *o efeito borboleta*.

A origem da teoria foi o protótipo de um programa de computador que Lorenz desenvolveu para simular e prever sistemas climáticos. No dia de sua descoberta acidental, Lorenz estava com pressa em sair para uma reunião. Em vez de digitar 0,506127, o número que usara nas tentativas anteriores, ele arredondou para o milésimo mais próximo — 0,506. Lorenz imaginou que a mudança de um milésimo não causaria alteração. Imaginou errado. Mais tarde, quando retornou ao laboratório, encontrou uma diferença radical nas condições climáticas simuladas. De acordo com Lorenz, a diferença numérica entre o número original e o número arredondado equivalia a um sopro de vento, mas a diferença líquida equivalia a um evento climático catastrófico.

Lorenz chegou a uma conclusão simples, mas profunda: *mudanças ínfimas nos dados de entrada podem causar uma diferença enorme no resultado final.*

É válido na ciência. É válido na vida.

E essa simples descoberta tem poder para mudar a sua vida. Ela pode alterar radicalmente os seus relacionamentos e as suas previsões financeiras, emocionais e espirituais. Pode mudar a atmosfera da sua organização ou do seu casamento.

Uma decisão.

Uma mudança.

Um risco.

Uma ideia.

É tudo.

Você não precisa fazer uma centena de mudanças. Isso só o faz dividir a sua energia por cem, resultando em 1% de chance de sucesso. Você precisa estar 100% comprometido com uma mudança. Ela exigirá todo o seu esforço e provavelmente será a coisa mais difícil que você já fez. No entanto, essa única mudança tem o potencial de fazer 100% de diferença na sua vida.

Um único risco

Uma única frase.

Depois de Eúde veio Sangar, filho de Anate, que matou seiscentos filisteus com uma aguilhada de bois.[1]

Essa é a única informação que temos sobre Sangar nas Escrituras, mas a frase nos diz tudo o que precisamos saber sobre ele. Uma decisão ousada e um implemento agrícola resultaram em libertação para toda a nação de Israel. Esse único risco transformou 15 minutos de fama em um modelo de coragem que ainda é inspirador três milênios depois!

Israel vivia em um estado de anarquia espiritual e tirania política. Eles fizeram o que era mau aos olhos do Senhor, e a punição foi serem escravizados pelos filisteus que governavam mediante o medo e a intimidação. No entanto, um homem se recusou a ser governado pela impiedade. Ele decidiu perturbar o *status quo* e fez isso com uma aguilhada de bois.

Assim como Davi, Sangar é um dos heróis mais improváveis da História. E, assim como o pastor que se tornou rei, esse fazendeiro que se tornou guerreiro transformou uma ferramenta de trabalho em uma arma de guerra. Acho que, quando estava cuidando das ovelhas, Davi não fazia ideia de que Deus usaria sua habilidade com a funda para colocá-lo em evidência nacional. E penso que, enquanto Sangar conduzia seus bois, ele não imaginava que Deus transformaria sua aguilhada no instrumento da libertação de Israel.

Sangar não tinha um exército, não havia feito uma aliança e não possuía artilharia. Tudo o que havia era uma aguilhada de bois — uma vara longa usada pelo fazendeiro para guiar seus animais. Mas ele não permitiu que o que não podia fazer o impedisse de fazer o que ele podia fazer. Afinal, Deus mais um já é maioria. E, se Deus é por você, quem

---

[1] Juízes 3.31.

poderá ser contra?² Então Sangar agarrou sua aguilhada e desafiou os exércitos inimigos. Ele pareceu tão tolo quanto Davi ao desafiar Golias com uma funda. O inimigo riu-se de sua arma improvisada até que ele começou a manuseá-la. Então o olhar nos olhos dele lançou-lhes medo no coração. A coragem não espera até que a situação se volte a seu favor. Não espera até que haja um plano perfeitamente formado. Não espera até que a opinião popular mude. A coragem espera uma coisa apenas: um sinal verde de Deus. E, quando Deus diz para alguém avançar, é seguir em frente a todo vapor, sem fazer perguntas.

Um tanto louco

Assim como Sangar, Cori Wittman cresceu em uma fazenda. E, embora possamos tirar a filha de um fazendeiro de uma fazenda, não podemos tirar a fazenda da filha de um fazendeiro. Depois da faculdade, Cori mudou-se para Washington, DC, e começou a trabalhar no Capitólio. Ela se envolveu na National Community Church e liderava um dos grupos domésticos mais singulares da nossa história como igreja. Adotamos um sistema em que permitimos que os líderes recebam uma visão de Deus e sigam nessa direção. Os nossos grupos refletem as paixões que Deus deu ao nosso povo. Portanto, Cori decidiu iniciar um grupo para mulheres sobre política agrícola. Honestamente, eu achava que nenhuma alma se interessaria por um grupo com um foco tão definido, porém mais de uma dúzia de mulheres acabou unindo-se ao grupo! E isso foi apenas o começo.

Cori participou da nossa primeira viagem missionária à Tailândia para trabalhar com o The Well [O Poço], um ministério que resgata mulheres da indústria do sexo. Durante essa viagem, Cori fez uma oração perigosa: "Senhor, quebra o meu coração com as coisas que partem o teu coração". Uma conversa com uma menina tailandesa fazendeira que

---

² Romanos 8.31.

acabou no distrito da luz vermelha de Bangcoc em razão das circunstâncias que fugiam a seu controle. Cori voltou aos Estados Unidos, mas deixou seu coração na Tailândia. Cori decidiu abandonar o emprego e se mudar para a Tailândia como missionária de tempo integral. Começou trabalhando durante o turno da noite no distrito da luz vermelha em Bangcoc, ministrando a mulheres enredadas nas teias do comércio sexual. Agora ela está tentando barrar o problema antes que ele se inicie, dirigindo um programa para adolescentes na zona rural da Tailândia. Essa moça solteira de 20 e poucos anos está aconselhando e cuidando de sete meninas adolescentes.

Cori compartilhou algumas de suas dúvidas e sonhos em uma postagem de *blog* intitulada "Uma pequena loucura segue um longo caminho".[3]

> Será que posso realmente ser uma mãe interina adequada para adolescentes abandonadas por suas mães, até que Deus providencie pais adotivos permanentes? Deus irá curar um casal fiel e cheio de fé que acabou de descobrir que ambos são portadores do vírus HIV? Deus protegerá da doença o filho deles que ainda não nasceu? O meu amigo alcançará seu objetivo de ficar limpo das drogas por um ano inteiro e crescerá como marido e pai comprometido? Deus fortalecerá um movimento para gerar mudanças reais nas comunidades rurais para interromper esse ciclo de famílias e comunidades desfeitas que tantas vezes levam à participação na indústria do sexo?

Amo a resposta de Cori a seus próprios questionamentos:

> Estou começando a perceber que uma pequena loucura percorre um longo caminho quando falamos de loucuras

---

[3] Você pode seguir Cori em seu *blog* <www.cultivate.com> [em inglês].

do Reino. Algumas das minhas perguntas não serão respondidas por meses ou anos, mas me apoio firmemente na promessa de que Deus pode fazer infinitamente mais do que pedimos ou pensamos. Às vezes a minha fé vacila, e sentimentos de inadequação, solidão e pequenez turvam a minha visão. Sinto-me sobrecarregada com as tarefas. Mas, quando coloco os óculos da fé, vejo que todas as coisas são possíveis.

Cori não estava buscando desculpas. Se estivesse, teria encontrado muitos motivos para não fazer o que fizera. Cori estava em busca de oportunidades, e oportunidades geralmente vêm disfarçadas de problemas impossíveis. E, enquanto a maioria das pessoas foge dos problemas, Sangar correu para eles com sua aguilhada.

A Tailândia tem uma cultura de não confrontação que torna as mudanças muito desafiadoras. No entanto, Cori está graciosamente desafiando o *status quo*. Ela está lutando contra a corrupção governamental, o mercado do sexo e o analfabetismo com sua aguilhada. Ela também está ajudando a ceifar a colheita de arroz deste ano com suas filhas adolescentes adotadas, usando a mesma exortação que seus pais usavam com ela quando ela era adolescente: "Isso está construindo seu caráter!".

É isso o que significa entregar tudo a Cristo. É atacar os problemas com qualquer aguilhada que Deus tenha dado a você. É atacar as forças das trevas, sendo sal e luz. É mais do que apontar problemas. É comprometer-se a ser parte da solução. É mais do que ter um coração por Cristo. É ser os pés e as mãos de Cristo no mundo.

"Eis-me aqui"

No Reino de Deus, o chamado sempre supera as credenciais. Deus não chama os qualificados. Ele qualifica os chamados. E a prova de fogo não é a experiência nem o conhecimento. É a disponibilidade e a capacidade de aprender. Se você estiver disposto a avançar quando Deus der um sinal verde, ele o levará a lugares inacessíveis para fazer coisas impossíveis. Foi assim que a filha de um fazendeiro foi parar na zona rural da Tailândia. Ela estava disposta. E, às vezes, é simples assim.

> *Então ouvi a voz do Senhor, conclamando: "Quem enviarei? Quem irá por nós?"*
> *E eu respondi: Eis-me aqui. Envia-me!*[4]

Abraão. Jacó. José. Moisés. Samuel. Davi. Isaías.
Todos eles têm uma coisa em comum.
Todos disseram: "Eis-me aqui".
Não é irônico gastarmos tanto tempo e energia tentando descobrir como chegar aonde Deus quer, quando tudo o que precisamos fazer é simplesmente dizer: "Eis-me aqui"?

É função de Deus nos levar para onde ele quiser. A nossa parte é estarmos disponíveis em todos os momentos e em todos os lugares. Como um médico de plantão ou um policial ou bombeiro em serviço, é a nossa prontidão em responder que interessa a Deus. Às vezes é um chamado simples para nos desviarmos do nosso caminho usual e demonstrarmos amor a um vizinho de porta. Às vezes é um chamado para nos mudarmos para o outro lado do mundo. Mas sempre começa com esta pequena oração, a oração da disponibilidade: *Eis-me aqui.*

Foi isso o que Samuel disse quando ouviu o sussurro suave do Espírito Santo.

Foi isso o que Moisés disse na sarça ardente.

Foi isso o que Calebe disse quando finalmente colocou os pés na terra prometida.

[4] Isaías 6.8.

Foi isso o que Isaías disse quando o rei Uzias morreu.

E foi isso o que Cori disse após sua viagem à Tailândia.

Cori estava disposta a passar de especialista a expatriada. Ela abandonou uma carreira consolidada no Capitólio para mergulhar no que chama de "mar de tolice". Ela deixou a família e os amigos para aprender uma nova língua, uma nova cultura. Contudo, porque ela olhava com os olhos da fé, ela agora pode ver Deus transformar pessoas de maneiras loucas todos os dias!

Você está disposto a fazer alguma coisa um tanto louca?

Sangar pode ter sido a pessoa menos qualificada para libertar Israel. Para os iniciantes, ele provavelmente não era nem mesmo israelita. Seu nome é de origem hurrita. Ele poderia ter apresentado inúmeros motivos para não fazer nada. *Não tenho a arma certa. Não posso fazer isso sozinho. Eles nem mesmo são o meu povo.* Se procurarmos desculpas, sempre encontraremos. Se não procurarmos, não encontraremos. Quando se trata de dar desculpas, somos infinitamente criativos. Que tal canalizar essa criatividade para encontrar soluções em vez de desculpas? Se fizermos isso, seremos um instrumento de libertação, assim como foram Sangar e Cori.

Quando Deus move o nosso espírito ou quebranta o nosso coração, não podemos permanecer sentados. Precisamos nos levantar e agir. Precisamos nos entregar por completo e entregar tudo o que temos a ele. Contudo, se tivermos coragem de tomar a decisão ou de correr o risco, esse se tornará o momento definidor da nossa vida.

Redefinindo sucesso

Nunca se sabe qual relacionamento, habilidade, experiência ou atributo Deus usará para cumprir seus propósitos eternos! Ele usou um concurso de beleza para, estrategicamente, posicionar Ester como rainha da Pérsia e impedir o genocídio dos judeus. Ele usou a diligência de Neemias como mordomo para obter o favor real que garantiria a reconstrução dos muros de Jerusalém. Ele usou o talento musical de Davi para abrir as portas do palácio e lhe dar acesso ao rei de Israel. Ele usou a prisão de José e sua capacidade de interpretar sonhos para salvar duas nações da fome. E ele usou o zelo de um assassino em massa chamado Saulo para difundir o evangelho em três viagens missionárias ao mesmo tempo que escrevia metade do Novo Testamento.

Se Deus usou esses homens, ele pode usar você também. E ele quer fazer isso. Na verdade, ele está cultivando em você talentos que servirão aos propósitos do Reino de maneiras que você nem imagina agora. Pode ser a habilidade que Deus deu a você nos esportes ou a sua habilidade musical que Deus usará como plataforma para que ele seja louvado. Pode ser o seu gênio criativo. Pode ser uma idiossincrasia. Ou pode ser simplesmente sua boa e antiquada ética no trabalho. Não importa o que seja, é uma *dádiva de Deus* e deve ser usada *para Deus*.

Faça o melhor que puder com o que você tem no lugar onde você está.

Essa é a minha definição de sucesso. Ela não se baseia em circunstâncias. Não se fundamenta em riqueza, poder ou plataforma política. Não se baseia em experiência prévia nem em potencial futuro. É a administração de todas as oportunidades, de todas as formas possíveis, em todos os dias.

Cada segundo de tempo.

Cada medida de talento.

Cada centavo de dinheiro.

Sucesso se soletra como *administração,* e administração se soletra como *sucesso.*

Em termos de *status* econômico e hierarquia ocupacional, algumas pessoas poderão considerar um retrocesso a transição que Cori fez do Capitólio para uma fazenda rural na Tailândia. No meu livro, ela é um Sangar dos tempos modernos. Ela está usando sua aguilhada de bois para salvar meninas adolescentes que estão aprisionadas, da mesma forma que estavam os israelitas três mil anos atrás.

Não importa se você é jornalista, professor, intérprete, artista, político ou advogado. O que importa é que você utilize a sua aguilhada para o propósito de Deus. Não ganhe a vida simplesmente. Ganhe uma vida! Deixe a sua marca! Faça a diferença!

Você não precisa mudar de emprego.

Você não precisa mudar suas circunstâncias.

Você não precisa mudar de amigos nem mudar de cônjuge.

Você precisa mudar a sua vida.

Agora chega

Não tenho certeza do que passou pela cabeça de Sangar quando ele pegou sua aguilhada e foi à luta contra o inimigo, mas acredito que ele decidiu que, se fosse derrotado, seria derrotado lutando. E esse é o segredo da libertação, seja dos filisteus, seja do orgulho, seja do preconceito, seja da pornografia.

Você precisa partir para o ataque.

Você precisa ir à luta.

Você precisa planejar um Dia D.

Chega o momento em que precisamos dizer *agora chega*. Sabemos que não podemos continuar no caminho em que estamos porque é um beco sem saída em termos de relacionamento, saúde ou espiritualidade. Talvez não nos mate, mas nos devorará vivos. Sabemos que não podemos continuar fazendo o que sempre fizemos. Não se quisermos entrar em forma ou sair de uma dívida. Não se quisermos reacender o romance ou alcançar um objetivo. Não se quisermos deixar um legado pelo qual valha a pena viver.

A boa notícia é a seguinte: você está a apenas um passo de tomar a decisão de uma vida completamente diferente. Um risco pode revolucionar a sua vida. Uma mudança pode mudar tudo. Se você inicia com pouco e persevera, qualquer coisa é possível. Uma mudança de 1%, no tempo devido poder fazer uma diferença de 99% em sua vida. No entanto, você não pode deixar a mudança para o acaso. Você precisa agarrar a sua aguilhada e atacar.

Quebre o seu cartão de crédito.

Inscreva-se em uma maratona.

Entre para a faculdade.
Faça uma viagem missionária.
Marque um horário para aconselhamento.

As Planícies da Hesitação

Usando o pseudônimo William A. Lawrence, George W. Cecil disse: "Nas Planícies da Hesitação, secaram-se os ossos de incontáveis pessoas que, no Amanhecer da Vitória, se sentaram para esperar e, esperando, morreram!".[5]

Sou tanto procrastinador quanto perfeccionista. Além disso, estou sempre pensando em todas as possibilidades. Essa combinação de traços de personalidade significa que tive de me disciplinar para tomar decisões e estabelecer prazos. Aprendi que a indecisão *é* de fato uma decisão. Como eu disse anteriormente, compartilho a minha lista de objetivos de vida no livro *The Circle Maker*, bem como dez passos para estabelecer metas. Um dos segredos é estabelecer prazos. Sonhos sem prazos já nascem mortos. Prazos são na verdade semelhantes a cordas de salvamento para a realização dos nossos objetivos.

Quando se trata de ir atrás dos nossos sonhos, o nosso maior adversário é a inércia. O primeiro passo é sempre o mais longo e o mais difícil. Temos a tendência de continuar fazendo o que sempre fizemos. A menos que nos comprometamos com um novo curso de ação, manteremos o nosso ritmo e a nossa rotina atual. Isso também é conhecido como viés cognitivo.

Em 1965, realizou-se um estudo no *campus* da Universidade de Yale. Alunos mais avançados foram instruídos sobre os perigos do tétano e tiveram a oportunidade de receber uma vacina grátis no posto de saúde. Embora a maioria dos alunos estivesse convencida de que precisava receber a vacina, apenas 3% seguiram as instruções e foram vacinados.

---

[5] KELLY, Bob. **Worth Repeating:** More Than 5,000 Classic and Contemporary Quotes. Grand Rapids: Kregel, 2003. p. 169.

Outro grupo de estudantes assistiu à mesma palestra, mas também recebeu um mapa do *campus* com a localização do centro de saúde circulada. Em seguida, foram solicitados a olhar sua agenda e ver quando teriam tempo de receber a vacina. Um número nove vezes maior de estudantes recebeu a vacina.

Boas intenções não são boas o suficiente. Você precisa fazer uma ligação ou dar o primeiro passo. Precisa definir o prazo ou marcar a consulta. Se não fizer isso, provavelmente os seus ossos secarão nas Planícies da Hesitação.

Se Sangar tivesse se concentrado no fato de que iria enfrentar 600 filisteus, aposto que teria desistido antes mesmo de começar. Com frequência, o Inimigo tenta desencorajar-nos por meio da intimidação. Precisamos contra-atacar dividindo os nossos objetivos em pequenos passos. Não sei se você pode vencer o alcoolismo ou a anorexia pelo resto da vida, mas creio que você pode vencer a batalha de *hoje*.

Não se preocupe com a semana seguinte nem com o ano seguinte. Viva um dia de cada vez. Você pode resistir à tentação por vinte e quatro horas? Pode vencer a batalha por um dia? Sei que você pode. Você também sabe. E o Inimigo também.

Viva um dia de cada vez!

Um passo de cada vez

Alguns anos atrás, escalei o Half Dome no Yosemite National Park. Lembro-me de ter olhado para cima e pensado: "*Como vou chegar até o topo?*". A resposta, na verdade, era muito simples: *um passo de cada vez*. Se seguirmos colocando um pé na frente do outro, ficaremos surpresos com quão longe podemos chegar!

A parte mais difícil da caminhada não foi a parte física; foi a parte mental. A última perna era um aclive de 60 graus até o topo da montanha e parecia uma subida de 90 graus para alguém que tem medo de altura. Eu tenho medo de altura. Quando finalmente atingi o topo do

Half Dome, sentei-me em uma grande rocha e notei que alguém tinha entalhado uma frase na rocha: "Se você consegue fazer isso, pode fazer qualquer coisa".

De repente, percebi que isso era verdade. Decidi tentar algo que não conseguira fazer em cinco anos de tentativa. Eu estava pesando 102 quilos, o que não é um sobrepeso terrível na minha estatura de 1,9 metro, mas eu sabia que me sentiria melhor e viveria mais se subisse na balança e conseguisse pesar menos de 90 quilos. Tomei a resolução decisiva de fazer isso e depois diariamente decidi me exercitar mais e comer menos. Em dois meses perdi 11 quilos. Também diminui 50 pontos no meu colesterol. E me senti cinco anos mais novo.

Gastamos muita energia nos concentrando naquilo que não podemos controlar — o resultado. E se eu voltar aos meus maus hábitos? E se os meus esforços românticos não forem retribuídos? E se não atingir o meu peso-alvo ou não conseguir o emprego dos meus sonhos?

Não se preocupe com os resultados. Se for a coisa certa a fazer, os resultados são responsabilidade de Deus. Concentre-se em fazer a coisa certa pelo motivo certo. E não acredite na mentira de que não pode ser feito! Isso exigirá todo o seu esforço, mas você pode todas as coisas em Cristo que o fortalece.

Uma tentativa fracassada não é fracasso.

Fracasso é não tentar.

Se você está tentando, está conseguindo.

É disso que se trata esforçar-se ao máximo.

É dar tudo o que você tem.

Portanto, agarre a sua aguilhada e ataque.

Parte 4
Tudo em todos

capítulo 12 | SDG

Johann Sebastian Bach foi para a música clássica o que William Shakespeare foi para a literatura inglesa ou o que *sir* Isaac Newton foi para a física. Sua obra inclui 256 cantatas. E, embora seja impossível identificar uma obra-prima, pessoalmente a minha obra favorita é *Jesus, alegria dos homens*. Quase quatro séculos depois de ter sido escrita, ainda é uma das trilhas sonoras mais populares de uma das ocasiões mais importantes da vida — a entrada da noiva na cerimônia de casamento.

Ouvir a música de Bach é uma experiência extasiante, mas não apenas em razão das melodias e harmonias. É mais do que a mera combinação de notas musicais. É a motivação por trás da música. O motivo pelo qual a *Toccata e Fugue em D menor* ou *Mass em B menor* tocam a alma é porque elas vêm da alma. As cantatas de Bach não nasceram como músicas. Antes de serem canções, eram literalmente orações. Antes que Bach começasse a colocar as notas na folha de papel, ele rabiscava J.J. — *Jesu, juva* — no topo da página. Era a mais simples das orações: *Jesus, ajude-me.*

Então, sempre que terminava uma composição, Bach inscrevia três letras na margem da música: SDG. Essas letras representavam em latim *Soli Deo Gloria — somente para a glória de Deus. Soli Deo Gloria* era um dos lemas da Reforma Protestante, mas Bach o personalizou. Sua vida era uma tradução singular desse objetivo único. Assim é também a sua vida. Ninguém pode glorificar Deus *como você* ou *por você*. A sua vida é um traço original.

Imagine se os políticos, os empresários e os produtores cinematográficos seguissem esse padrão. Que impacto cultural teriam os nossos roteiros, projetos e planos de negócios se eles se originassem de orações? Imagine se os estudantes escrevessem SDG em seus artigos, se mecânicos gravassem SDG em amortecedores e motores ou se médicos rabiscassem SDG em suas prescrições.

A questão não é *o que* você faz.

A questão é *por que* você faz o que faz.

Em última instância, a questão é *para quem* fazemos o que fazemos.

No Reino de Deus, as nossas motivações são o que mais importa. Se você faz a coisa certa pelo motivo errado, isso não serve para nada. Deus julga as motivações do coração e recompensa apenas aqueles que fazem a coisa certa pelo motivo certo. Para ser franco, acredito que grande parte da minha recompensa foi perdida porque fiz as coisas para mim, não para Deus.

SDG é viver para uma plateia de um. É fazer a coisa certa pelo motivo certo. É viver para receber o aplauso das mãos traspassadas por cravos. Você se *entrega completamente,* porque Jesus Cristo é *tudo em todos.*

Somente Jesus.

Nada mais, nada menos, nada além.

E Deus cantou

Para Johann Sebastian Bach, a distinção entre sagrado e secular era uma falsa dicotomia. Todas as coisas foram criadas *por* Deus e *para* Deus, sem exceções. Cada nota musical. Cada cor da palheta. Cada sabor que atinge as glândulas gustativas.

Arnold Summerfield, o físico e pianista alemão, observou que um único átomo de hidrogênio, que emite uma centena de frequências, é mais musical que um piano de cauda que emite apenas 88 frequências.

Cada átomo é uma expressão do gênio criativo de Deus. E isso significa que cada átomo é uma expressão única de adoração.

De acordo com o compositor Leonard Bernstein, a melhor tradução de Gênesis 1.3 e de diversos outros versículos do primeiro capítulo de Gênesis não é "Deus disse". Ele acreditava que a melhor tradução seria "Deus cantou". O Todo-poderoso cantou cada átomo à existência, e cada átomo ecoa aquela melodia original cantada em harmonia por três vozes, o Pai, o Filho e o Espírito Santo.

Você sabia que as camadas eletrônicas do átomo de carbono produzem[1] a mesma escala harmônica que o canto gregoriano? Ou que as canções das baleias podem viajar[2] milhares de quilômetros debaixo da água? Ou que as cotovias alcançam 300 notas musicais?[3] Mas as canções que podemos ouvir audivelmente são apenas um instrumento entre os muitos da orquestra sinfônica chamada criação.

Pesquisas no campo da bioacústica revelaram que estamos cercados por milhões de canções ultrassônicas. Instrumentos musicais supersensíveis descobriram que até as minhocas produzem fracos sons de *staccato*!

---

[1] May, Cornelius. **Shh... Listening for God:** Hearing the Sacred in the Silent. Maintland, Fla.: Xulon, 2011. p. 59.

[2] Rothenberg, David. **Thousand Mile Song:** Whale Music in a Sea of Sound. New York: Basic Books, 2008. p. 205.

[3] Thomas, Lewis. **The Lives of a Cell:** Notes of a Biology Watcher. New York: Penguin, 1975. p. 23.

Lewis Thomas expressou isso da seguinte forma: "Se tivéssemos uma audição melhor[4] e pudéssemos discernir os contrapontos (canções) das aves marinhas, o timbale ritmado (percussão) de um grupo de moluscos ou mesmo a harmonia distante de mosquitos-pólvora sobrevoando os campos sob o sol, esses sons combinados nos fariam flutuar".

Algum dia o som nos erguerá dos nossos pés. Tímpanos glorificados revelarão milhões de canções que antes eram inaudíveis ao ouvido humano.

> Depois ouvi todas as criaturas existentes no céu, na terra, debaixo da terra e no mar, e tudo o que neles há, que diziam:
> "Àquele que está assentado
>> no trono
>> e ao Cordeiro
> sejam o louvor, a honra,
>> a glória e o poder,
>> para todo o sempre!"[5]

Enquanto isso, precisamos contentar-nos com Bach.

O fim principal do homem

O primeiro princípio do *Breve catecismo de Westminster* é excelente para ser memorizado. É o menor denominador comum quando se trata de viver uma vida com propósito.

O fim principal do homem é glorificar Deus e deleitar-se nele para sempre.

Não creio que isso possa ser dito de forma melhor e mais simples. Nós existimos por um único motivo: *glorificar Deus e deleitar-nos nele para sempre*. Não se trata de você. Trata-se apenas de Deus.

---

[4] THOMAS, Lewis. **The Lives of a Cell:** Notes of a Biology Watcher. New York: Penguin, 1975. p. 26.

[5] Apocalipse 5.13.

Soli Deo Gloria é a pedra de roseta que faz que a vida tenha sentido. Não se trata de sucesso e fracasso. Não se trata de dias bons e dias ruins. Não se trata de riqueza e pobreza. Não se trata de saúde ou doença. Não se trata nem mesmo de vida ou morte. Trata-se de glorificar Deus em qualquer circunstância em que nos encontremos.

De todas as formas. Em todos os lugares. De todas as maneiras.

Em qualquer hora. Em qualquer lugar. De todas as formas.

Não há circunstância em que você não possa glorificar Deus. É por isso que viver SDG é tão libertador, é tão capacitador. É uma forma de vida.

Que seja!

Para ser honesto, a expressão "que seja" não é a minha preferida como pai. Geralmente, é usada como uma expressão desdenhosa, com uma sugestão de desrespeito, mas creio que possa ser redimida. Na verdade, é uma das minhas orações rápidas a Deus. Quando usada de forma submissa, a expressão *que seja* é uma afirmação de rendição absoluta.

Pense no Getsêmani, o jardim onde o próprio Jesus lutou com a vontade de Deus. Ele disse ao Pai: "Afasta de mim esse cálice". Era uma referência ao cálice da ira. Jesus sabia que precisaria bebê-lo até a última gota, mas antes de fazê-lo ele perguntou ao Pai se poderia passar adiante, se não havia outra forma. Mas então ele qualificou seu pedido com uma entrega suprema na oração: "Não seja feita a minha vontade, mas a tua".[6]

Esse foi o momento de total rendição de Jesus. Essa foi sua oração *que seja*.

Há dois versículos *que seja* nas Escrituras. Ambos apresentam frases inclusivas: *tudo o que fizerem* e *façam tudo*.

---

[6] Lucas 22.42.

> *Tudo o que fizerem, façam de todo o coração, como para o Senhor, e não para os homens.*[7]

A expressão *de todo o coração* significa "com energia extra". Significa entregar tudo o que temos — 100%. Significa literalmente fazer algo como se a sua vida dependesse disso. A questão não é *o que* você está fazendo. A verdadeira questão é *por que* você, *como* e *para quem* está fazendo.

Em última instância, espero que você ame o que faz e faça o que ama. Encontre um trabalho que você gostaria de fazer, mesmo que não receba nada por ele. Entretanto, sei que essa não é a realidade em todas as fases da nossa vida. Às vezes, precisamos ter um emprego do qual não gostamos, mas você ainda pode glorificar Deus fazendo um bom trabalho em um emprego ruim. E pelo menos você tem um emprego!

Um dos meus empregos de verão durante a faculdade era cavar valas. Nós nos chamávamos de engenheiros de relocação de terra, para embelezar um pouco, mas era um trabalho massacrante do qual eu não gostava nem um pouco. No entanto, eu tirei o melhor proveito possível. Qualquer um pode fazer um bom trabalho em um bom emprego, mas glorificamos Deus fazendo um bom trabalho em um emprego ruim. Qualquer um pode ser bom com um bom chefe, mas há algo especial em glorificar Deus quando amamos como Jesus em um ambiente de trabalho ímpio.

Milagres cotidianos

Agora passemos ao outro versículo.

> *Assim, quer vocês comam, bebam ou façam qualquer outra coisa, façam tudo para a glória de Deus.*[8]

---

[7] Colossenses 3.23.
[8] 1Coríntios 10.31.

Como comemos e bebemos para a glória de Deus?

Paulo usa os rituais cotidianos, de comer e beber, para apresentar um tema abrangente: *mesmo as atividades mais corriqueiras são absolutamente miraculosas.* Respiramos aproximadamente 23 mil vezes todos os dias, mas qual foi a última vez em que você agradeceu a Deus por isso? O processo de inalar oxigênio e exalar dióxido de carbono é uma tarefa respiratória complicada que exige precisão fisiológica. Tendemos agradecer a Deus pelas coisas que tiram o nosso fôlego; e não há problema nisso. Mas talvez também devamos agradecer a ele a cada nova respiração!

SDG é o *porquê* por trás de cada *o quê*. Ou talvez eu deva dizer que é o *porquê* por trás de cada *que seja*. As nossas orações tendem a focar mais em circunstâncias externas do que em atitudes internas, porque preferimos que Deus mude a nossa situação, não a nós mesmos. É muito mais fácil dessa forma. Contudo, assim nos desviamos completamente do que é mais importante. Geralmente são as piores circunstâncias que tiram o melhor de nós. E, se são as coisas ruins que trazem à tona as coisas boas, então talvez essas coisas ruins *sejam* coisas boas no cenário mais amplo!

Você pode ser salvo sem sofrimento, mas não pode ser santificado sem sofrimento. Isso não quer dizer que você busca o sofrimento, mas que você o vê pelo que é: uma oportunidade para glorificar Deus.

Quem dá e quem leva

Ninguém na história da humanidade suportou mais perda em menos tempo do que Jó. Ele perdeu tudo, família, saúde e riqueza, em questão de minutos. Já é bem difícil ler o livro de Jó. Não posso nem imaginar como seja vivê-lo. Jó suportou uma dor inacreditável, uma perda inimaginável. No entanto, quando seu mundo desabou, Jó caiu de joelhos em adoração.

> *"Saí nu do ventre da minha mãe,*
> *e nu partirei.*

*O Senhor o deu, o Senhor o levou:
louvado seja o nome do Senhor."* ⁹

Há alguns anos, os nossos amigos Jason e Shelly Yost fundaram uma organização maravilhosa chamada New Rhythm [Novo ritmo] para defender a causa da adoção. A vida deles é dedicada a ajudar órfãos a encontrarem famílias e a ajudar famílias a encontrarem órfãos.

Não muito tempo atrás, Jason e Shelly decidiram adotar uma criança. Depois de passarem por um longo processo legal, eles adotaram uma preciosa menininha que chamaram de Mariah. Poucos dias depois de a levarem para casa, porém, ela foi tirada deles pela mãe biológica, que mudou de ideia durante o período de dez dias de revogação. Foi uma experiência muito difícil para Jason e Shelly.

Encontrei-os dias depois em um retiro no qual eu estava pregando, e Jason liderava o louvor. Nunca me esquecerei da primeira música que ele cantou: *Blessed be Your Name* [Eu te bendirei]. A letra é inspirada na história de Jó. Na verdade, o refrão reafirma exatamente este versículo: *O Senhor o deu, o Senhor o levou*. Quando Jason começou a cantar o refrão, quase não aguentei. Eu sabia quanto era difícil para ele cantar essas palavras. Mas eu também sabia que ele cantava de todo o coração.

Há certos versículos que eu chamo de *posições de recuo*. Quando tudo mais falha, eu me apoio nas coisas que sei serem verdadeiras. Coloco todo o meu ser sobre elas, e elas me sustentam. Esse é um desses versículos. Não quero minimizar a perda que você sofreu, mas quero lembrar de que você não possui nada que não tenha sido dado por Deus. Dar é prerrogativa de Deus. E levar também é prerrogativa dele. Mas há uma coisa que não pode ser tirada de você: Jesus Cristo. E, se você tem Jesus, então tem tudo aquilo de que precisa por toda a eternidade.

Tudo – Jesus = Nada

Jesus + Nada = Tudo

É simples assim.

---

⁹ Jó 1.21.

capítulo 13 | Jogue a sua vara no chão

> Então o SENHOR lhe perguntou: "Que é isso em sua mão?"
> "Uma vara", respondeu ele.
> Disse o SENHOR: "Jogue-a no chão".
> Moisés jogou-a, e ela se transformou numa serpente.
> (Êxodo 4.2,3)

Há aproximadamente cem anos, a Igreja Philadelphia em Estocolmo, Suécia, enviou dois casais de missionários ao Congo. David e Svea Flood[1] e Joel e Bertha Erickson abriram caminho na selva para fundar uma missão. Durante o primeiro ano, eles não viram um único convertido.

---

[1] HURST, Aggie. **Aggie:** The Inspiring Story of a Girl without a Country. Springfield, MO.: Gospel Publishing House, 1986.

As pessoas do vilarejo eram resistentes ao evangelho porque tinham medo de ofender os deuses tribais, mas isso não impediu Svea de compartilhar o amor de Jesus com um menininho de 5 anos que entregava ovos frescos todos os dias na porta dos fundos da casa deles.

Svea engravidou pouco tempo depois de chegar, mas ficou de cama grande parte da gravidez lutando contra a malária. Ela deu à luz uma menina, Aina, em 13 de abril de 1923, mas Svea morreu dezessete dias depois. David fez um caixão e enterrou a esposa de 27 anos de idade em uma montanha de frente para o vilarejo. A dor e depois a amargura inundaram o coração dele. David entregou a filha, Aina, aos Erickson e retornou à Suécia com os sonhos despedaçados e o coração partido. Ele passaria as cinco décadas seguintes tentando afogar a dor com a bebida. E pediu a seus conhecidos que nunca mencionassem o nome de Deus em sua presença.

Os Erickson criaram Aina em seus primeiros anos de vida, mas ambos morreram, um três dias depois do outro, quando as pessoas do vilarejo os envenenaram. Aina foi entregue a um casal de missionários americanos, Arthur e Anna Berg. Os Berg rebatizaram a filha adotada de Agnes e a chamavam de Aggie. Eles acabaram voltando aos Estados Unidos para pastorear uma igreja em Dakota do Sul. Depois de terminar a escola, Aggie se inscreveu no North Central Bible College, em Minneapolis, Minnesota. Ali ela conheceu e se casou com um colega, Dewey Hurst. O casal iniciou sua família e pastoreou diversas igrejas. Mais tarde, o dr. Hurst se tornou presidente do Northwest Bible College. Em seu aniversário de 25 anos de casamento, a faculdade deu um presente especial aos Hurst — uma viagem à Suécia. O único objetivo de Aggie com a viagem à Suécia era encontrar o pai biológico que a abandonara cinquenta anos atrás. Eles procuraram por Estocolmo durante cinco dias sem encontrar vestígios. Então, no último dia antes da partida, receberam uma informação que os levou ao terceiro andar de um prédio de apartamentos em ruínas. Lá, eles encontraram o pai de Aggie, que estava no leito de morte por problemas no fígado.

As últimas palavras que David Flood esperava ouvir eram: "Papai, é Aina". E as primeiras palavras que saíram de sua boca estavam cheias de remorso: "Eu nunca quis entregar você". Quando eles se abraçaram, uma maldição de cinquenta anos foi quebrada. Um pai e uma filha se reconciliaram naquele dia, e um pai se reconciliou com seu Pai celeste para a eternidade. Quando Aggie desembarcou em Seattle no dia seguinte, ela recebeu a notícia de que o pai falecera enquanto eles estavam no avião.

Agora aqui está o resto da história.

Cinco anos depois, Dewey e Aggie Hurst participaram da Conferência Mundial Pentecostal em Londres, Inglaterra. Dez mil representantes do mundo inteiro se reuniram no Royal Prince Albert Hall. Um dos preletores da noite de abertura foi Ruhigita Ndagora, o superintendente da Igreja Pentecostal no Zaire.[2] O que chamou a atenção de Aggie foi o fato de Ruhigita ser da região onde seus pais haviam atuado como missionários meio século atrás. Depois da mensagem, Aggie conversou com ele por meio de um intérprete. Perguntou se ele conhecia o vilarejo onde ela nascera, e Ruhigita lhe disse que crescera nessa vila. Perguntou se ele conhecera missionários com o nome Flood. Ele respondeu: "Todos os dias eu ia até a porta dos fundos da casa de Svea Flood com uma cesta de ovos, e ela me falava sobre Jesus. Não sei se ela levou a Cristo mais alguém na África além de mim". Em seguida, ele acrescentou: "Pouco depois de eu ter aceitado Cristo, Svea morreu, e seu marido foi embora. Ela teve uma menina chamada Aina, e sempre fiquei imaginando o que teria acontecido com ela".

Quando Aggie revelou que ela era Aina, Ruhigita Ndagora começou a soluçar. Eles se abraçaram como irmãos separados no nascimento. Então Ruhigita disse: "Poucos meses atrás, coloquei flores no túmulo de sua mãe. Em nome das centenas de igrejas e das centenas de milhares de cristãos do Zaire, obrigada por deixar sua mãe morrer para que tantos de nós pudéssemos viver".

---

[2] O Congo foi chamado de Zaire entre 1971 e 1997.

Às vezes, entregar-nos completamente parece ser entregar tudo e não receber nada.

No sábado entre a Sexta-feira Santa e o Domingo da Ressurreição, era isso que parecia ter acontecido. Mas as coisas não estão acabadas até que Deus diga que acabaram! A maior vitória espiritual foi vencida logo depois daquela que parecia ser a maior das derrotas. Tudo estava perdido, mas não por muito tempo. Três dias depois da crucificação, Jesus saiu do túmulo mediante o próprio poder.

No Reino de Deus, o fracasso nunca é final. Não se você acredita na ressurreição! Você não vencerá todas as batalhas espirituais, mas a guerra já foi vencida definitivamente. A vitória foi selada dois mil anos atrás, quando Jesus rompeu o lacre do túmulo. Foi um golpe fatal na própria morte. E nós somos mais do que vencedores por causa do que Cristo realizou.

Se você se entregar completamente à causa de Cristo com tudo o que tem, haverá percalços no caminho. Mas lembre-se disto: sem crucificação, não pode haver ressurreição! E, quando passamos por contratempos, não damos um passo para trás, porque Deus já está preparando sua restauração.

David e Svea Flood não viram nenhum convertido. Eles pensaram que fora tudo por nada. Mas uma semente criou raízes e deu frutos além do que se pode imaginar. Nunca saberemos qual semente será essa. Mas, se você plantar e regar, as Escrituras garantem que o próprio Deus dará o crescimento!

Nunca subestime o efeito de um ato de obediência.

Nunca será tudo por nada.

O santo patrono da segunda chance

Por quarenta anos, parecia que Moisés havia fracassado em realizar o sonho que Deus lhe dera de libertar os israelitas da escravidão. O príncipe do Egito tinha todo o potencial do mundo aos 40 anos de idade, mas ele se achava um caso perdido aos 80. Moisés perdeu tudo quando perdeu a cabeça. Ele era tanto um criminoso como um fugitivo. Em vez de fazer a vontade de Deus do jeito de Deus, ele quis resolver o problema com as próprias mãos e matou um feitor egípcio. E, ao tentar apressar a vontade de Deus, ele a retardou por quatro décadas!

Em algum momento da vida, a maioria das pessoas sente como se a vida tivesse passado por nós. Os nossos sonhos parecem uma causa perdida. E a nossa realidade não equivale ao nosso idealismo. Essa crise nos apresenta uma escolha: jogar a toalha de uma vez por todas ou partir para a luta. Muitas pessoas desistem dos sonhos porque pensam que Deus desistiu delas. Anunciam que estão desistindo porque acham que é pouco demais, ou que é tarde demais. No entanto, o milagre eterno serve como lembrete perpétuo de que nunca é tarde demais para ser quem você poderia ser. Moisés é o santo patrono da segunda chance. E da terceira. E da décima. E da centésima. Não importa quantos atalhos errados tenhamos seguido, não importa quantos desvios tenhamos tomado, é a graça de Deus que nos traz de volta ao caminho certo a seguir.

Moisés foi colocado no pasto por quarenta anos. Contudo, o que parecia ser uma sentença perpétua para Moisés era na verdade uma liberdade condicional com um propósito. Deus já colocara Moisés em um período de quarenta anos de treinamento no *palácio*. Agora Moisés precisava passar pelo treinamento do *deserto*.

A ironia da história do Êxodo é que Moisés não se considerava qualificado, mas Deus estava usando todas as experiências passadas para prepará-lo providencialmente para seu encontro com o destino. Ninguém conhecia o protocolo do palácio como o príncipe do Egito. Afinal, ele crescera ali. E, depois de cuidar de ovelhas por quarenta anos, ele conhecia a vida no deserto — a vida selvagem, os poços de água, os padrões climáticos.

Você pode imaginar uma forma melhor de preparar Moisés para liderar as ovelhas de Israel no deserto por quarenta anos do que cuidando das ovelhas de seu sogro no outro lado do mesmo deserto por quarenta anos?

Entregar-se completamente a Deus não é algo que fazemos uma única vez. Na verdade, você provavelmente passará por alguns fracassos antes de fazer a coisa certa. Um dia, porém, você celebrará o fracasso tanto como o sucesso. O fracasso é o fertilizante que desenvolve o caráter. E o caráter sustenta o sucesso para que ele não saia pela culatra. Sucesso sem nenhum fracasso é como uma planta sem raízes ou um edifício sem fundação. O fracasso é o alicerce que suporta a estrutura do sucesso.

A National Community Church foi abençoada muito além dos meus mais ousados sonhos. Desde o princípio, a igreja experimentou um crescimento espiritual, financeiro e numérico exponencial. E eu não poderia estar me divertindo mais tentando acompanhar o que Deus está fazendo. No entanto, o que mantém tudo em perspectiva é o fracasso da igreja que iniciamos em Chicago antes da nossa vinda para Washington. Eu não gostaria de passar por tudo novamente, mas não trocaria o que passamos lá por nada no mundo. Aquele fracasso assentou um fundamento de humilde dependência de Deus. Os dois anos entre as fundações das duas igrejas foi uma liberdade condicional com um propósito! Antes que Deus desse crescimento à igreja, ele precisava me fazer crescer. Todavia, em meio a isso tudo, Deus nos estava conduzindo em uma marcha triunfal. Sem uma igreja fracassada em Chicago, nunca teríamos chegado à capital nacional. E a crucificação do nosso sonho por fim levou à sua ressurreição.

Marcha triunfal

O apóstolo Paulo escreveu estas palavras em sua carta aos coríntios: "Mas graças a Deus que sempre nos conduz vitoriosamente em Cristo e por nosso intermédio exala em todo lugar a fragrância do seu conhecimento".[3]

---

[3] 2Coríntios 2.14.

A promessa de 2Coríntios 2.14 faz alusão a uma tradição romana. Depois de conquistarem uma grande vitória,[4] o exército romano marchava pelas ruas de Roma levando os prisioneiros. A marcha triunfal iniciava-se no Campo de Marte e seguia pelo Circo Máximo, rodeando o monte Palatino. Logo depois do Arco de Constantino, o cortejo marchava pela Via Sacra até o Fórum Romano e o Capitólio.

Já estive sob o arco triunfal que atravessa a Via Triumphalis. Ele foi erigido pelo Senado romano para comemorar a vitória de Constantino sobre Maxêncio na batalha da ponte de Milvian, em 28 de outubro de 312. Não é difícil imaginar exércitos conquistadores retornando à pompa e a solenidade de um desfile militar. Mais de 500 marchas triunfais passaram sob esse arco durante o domínio do Império Romano.

A nossa marcha triunfal começa aos pés da cruz. Cristo é o Rei conquistador, e nós somos os prisioneiros em seu séquito, libertados do pecado e da morte. Mas esse é apenas o primeiro passo de fé. Entregar-se completamente é seguir as pegadas de Jesus para onde quer que elas nos levem, inclusive à Via Dolorosa, o "caminho do sofrimento". Mesmo no caminho do sofrimento, porém, Deus nos conduz em sua marcha triunfal.

Durante quatro séculos, os israelitas sofreram como escravos na terra do Egito. Então Deus levantou um libertador chamado Moisés. Com dez sinais milagrosos, iniciou-se a marcha triunfal de saída do Egito. Contudo, quando os israelitas chegaram ao mar Vermelho, pensaram que aquela seria uma marcha da morte. E o mar Vermelho era literalmente um beco sem saída. Mas Deus abriu um caminho onde não havia caminho. Ele abriu as águas para que Israel pudesse atravessar em solo seco. E o que parecia ser uma derrota certa transformou-se na vitória mais notável.

Se você seguir a rota em que os israelitas viajaram, parecerá o caminho de um cego guiando outro cego. O que deveria ter levado onze dias transformou-se em quarenta anos! No entanto, apesar de todos os

---

[4] Considerava-se uma grande vitória a que tivesse o mínimo de 5 mil tropas inimigas.

desvios e atrasos, continuava sendo uma marcha triunfal. O caminho ao longo do rio Jordão era a Via Triunfal deles. E de Jericó em diante[5] eles seguiram de vitória em vitória.

Toda marcha triunfal tem um ponto de partida. E isso certamente inclui o êxodo do povo de Israel do Egito. Se você retroceder todo o caminho até o início, a jornada para a terra prometida começa na sarça ardente.

O elemento surpresa

Moisés viveu nas costas do deserto olhando para as costas das ovelhas durante quatro décadas. Caso você tenha curiosidade, isso quer dizer mais de 21 milhões de minutos. A vida dele era definida pela monotonia até que ele teve uma epifania. Em um dia que se iniciou como qualquer outro dos 14.600 dias anteriores, Moisés avistou com o canto dos olhos uma sarça ardente. Então ele ouviu uma voz saindo da sarça que chamava seu nome.

A sarça ardente revela o lado brincalhão da personalidade de Deus. O Pai celestial ama surpreender seus filhos terrenos! É melhor você esperar o inesperado porque Deus é previsivelmente imprevisível. Mas essa é uma surpresa das grandes surpresas, não é mesmo? Um arbusto que fala é tão absurdo quanto uma mula falante. Mas, espere, Deus fez isso também!

Não podemos ler os Evangelhos sem perceber que essa faceta da personalidade do Pai é personificada em Jesus. Mesmo quando tinha 12 anos, Jesus separou-se da caravana que retornava a Nazaré e ficou com os rabis no templo. Aposto que alguns daqueles rabis ainda estavam trabalhando duas décadas mais tarde quando Jesus virou o templo de pernas para o ar ao expulsar sozinho os cambistas. Você poderia descrever essas duas situações como *surpresas*? Jesus andou sobre as águas, transformou água em vinho e curou uma mão ressequida no sábado. Esses com certeza são milagres de primeira categoria, mas também há uma

---

[5] Este pensamento foi retirado de MURRAY, Andrew. **The Master's Indwelling.** New York: Revell, 1896. p. 51.

natureza divertida em todos eles. Não acredito que seja um sacrilégio chamá-los de brincadeiras santas com um propósito providencial.

E isso nos leva de volta à sarça ardente.

Por que Deus se revelou daquela forma?

Imagino se não terá sido pelo mesmo motivo que levou os anjos a anunciarem o nascimento do Messias aos pastores do turno da noite em vez de aos estudiosos da religião. Imagino se não terá sido pela mesma razão que levou o Messias a nascer de um casal de camponeses proveniente da parte pobre da cidade em vez de nascer em uma família de sacerdotes da cidade santa.

Deus ama o elemento surpresa!

Terra santa

Estudiosos judeus costumavam debater o motivo de Deus ter se revelado a Moisés no meio do nada — uma sarça ardente nas costas do deserto. Por que não em um lugar muito povoado ou religiosamente significativo? O consenso era que Deus queria mostrar que "nenhum lugar na terra, nem mesmo um espinheiro, é destituído da Presença".[6]

Deus está em todo lugar para ser encontrado.

Deus está onde você deseja estar.

Deus está onde está.

A palavra teológica é *imanência*. E é o complemento de *transcendência*.

Ele é o Deus Altíssimo.

Ele também é o Deus que está perto.

Nas palavras de A. W. Tozer:

> Deus está acima, mas não está lá no alto. Ele está abaixo, mas não está oprimido. Ele está fora, mas não está excluído.

---

[6] Cf. BIALIK, Hayim Nahman; RAVNITZKY, Yehoshua Hana (Ed.). **The Book of Legends:** Sefer Ha-Aggadah. New York: Schocken, 1992. p. 63.

> Ele está dentro, mas não está confinado. Deus está acima de todas as coisas presidindo-as, debaixo de todas as coisas sustentando-as, fora de todas as coisas abraçando-as e dentro de todas as coisas enchendo-as.[7]

Uma das bênçãos que pronunciamos no final dos nossos cultos capta esse nome e esse conceito: *Quando você deixa este lugar, você não deixa a presença de Deus. Você leva a presença dele aonde quer que você vá.*

Você está pisando em terra santa. A terra santa não é a terra prometida. É aqui mesmo, agora mesmo. É onde quer que Deus esteja, e Deus está em todo lugar! Todo momento é um momento santo. Todo lugar sobre o qual pisa os seus pés é a terra prometida.

Quando você se entrega completamente a Deus, nunca sabemos como, quando ou onde ele pode se apresentar. No entanto, você pode viver em santa expectativa, sabendo que Deus pode invadir a realidade da sua vida a qualquer momento e mudar tudo pela eternidade. E, quando ele faz isso, você precisa marcar o momento, marcar o lugar.

Tenho a fotografia de uma pastagem em Alexandria, Minnesota, pendurada atrás da minha escrivaninha. É também o meu plano de fundo do Twitter. Aquele campo é a minha sarça ardente. É o lugar onde recebi o chamado para o ministério aos 19 anos.

A galeria da capela no Central Bible College é terra santa. Era ali que eu caminhava e orava quase todos os dias durante o meu último ano de faculdade. Foi ali que aprendi a discernir o sussurro suave do Espírito Santo.

A National Community Church possui uma propriedade de 8 milhões de dólares no Capitólio, onde no futuro construiremos um *campus*. Foram necessários um contrato fracassado e um milagre financeiro para chegarmos até esse pedaço de terra prometida. O avanço aconteceu tarde da noite com o meu filho e um amigo. Nós nos colocamos de joelhos e reivindicamos aquela propriedade para a glória de Deus.

---

[7] TOZER, A. W. **The Attributes of God.** Camp Hill, PA.: Wing Spread, 1997. p. 22. v. 1.

Quando avançamos em direção a algo novo, marcamos criativamente aquele local como terra santa.

Por fim, Pennsylvania Avenue passou a ser a minha Via Triumphalis. Logo depois da nossa igreja fracassada em Chicago, Lora e eu visitamos o meu colega de quarto de faculdade que se mudara para Washington, DC. Eu me apaixonei pela cidade. Enquanto dirigia pela Pennsylvania Avenue tarde da noite, em algum lugar entre a Casa Branca e o Capitólio, senti um chamado para a capital nacional.

Quem sou eu?

Quando Deus revelou seu plano a Moisés, Moisés contestou o Todo-poderoso. Ele desafiou uma ladainha de desculpas que ia desde sua falta de credenciais até sua dificuldade para falar. Moisés resumiu suas inseguranças dizendo simplesmente: "Quem sou eu?".[8] Mas essa é a pergunta errada. Não se trata de *quem* somos. Trata-se de *a quem* pertencemos! Amo a resposta do Todo-poderoso: "Eu Sou o que Sou".[9] Deus responde às perguntas de Moisés revelando seu nome. E também oferece este consolo: "Eu estarei com você".[10]

Isso é tudo o que precisamos saber, não é?

Se Deus é por nós, quem será contra nós?

Deus mais uma pessoa resulta em maioria.

O nome dele é a solução para todos os problemas.

O nome dele é a resposta para todas as perguntas.

O nome dele acalma todos os medos, sela todas as orações e vence todas as batalhas.

Ao nome dele se prostram os anjos, e os demônios tremem.

No nome dele o nosso pecado é justificado e a nossa autoridade é validada.

---

[8] Êxodo 3.11.
[9] Êxodo 3.14.
[10] Êxodo 3.12.

Não se trata de quem somos!

Quem somos é completamente irrelevante. Deus não nos usa *por causa* de nós. Ele nos usa *apesar* de nós. O céu não vai à falência se você não der o dízimo. O Criador não precisa que você o apresente às pessoas certas. E, mesmo que você use os seus talentos em outro lugar, o Reino de Deus não sofrerá derrota. Contudo, por motivos que só serão revelados no outro extremo do *continuum* espaço-tempo, Deus decidiu realizar seus propósitos por meio de pessoas comuns. Ele ama estar em missão conjunta com seus filhos. Por isso nos convida a fazer parte de seus planos e propósitos. Para entrarmos no jogo, porém, precisamos jogar a nossa vara no chão.

Largue e deixe Deus agir

> *Então o S*ENHOR *lhe perguntou: "Que é isso em sua mão?"*
> *"Uma vara", respondeu ele.*
> *Disse o S*ENHOR*: "Jogue-a no chão".*
> *Moisés jogou-a, e ela se transformou numa serpente.*[11]

Jogar a sua vara significa largar e deixar Deus agir. E isso é contrário ao bom senso para aqueles que gostam de estar no controle. Como o nosso pastor executivo, Joel Schmidgall, gosta de dizer: "Você pode ter fé, ou você pode ter controle, mas você não pode ter os dois". Se você quer que Deus faça algo fora do normal, precisa entregar o controle.

Não tenho realmente autoridade para usar uma analogia do golfe, mas me permita tentar. Eu naturalmente seguro o taco de golfe com um pouco mais de força quando quero que a bola vá mais longe, mas isso tem o efeito contrário. O segredo de uma tacada longa é segurar suavemente.

E é assim que funciona com as outras coisas.

A vara representava a identidade e a segurança de Moisés como pastor. Era o sustento de Moisés. Também era o instrumento que ele usava

---

[11] Êxodo 4.2,3.

para proteger-se e ao rebanho. Então, quando Deus disse para Moisés jogar a vara, estava pedindo para Moisés largar quem ele era e o que possuía.

Era o momento de entrega completa de Moisés.

Em que você está se segurando? Ou talvez eu devesse perguntar: O que você não quer largar? Se você não está disposto a largar, então você não controla seja lá o que for que esteja segurando. Isso controla você. E, se você não jogar no chão, a sua vara sempre permanecerá sendo uma vara. Será sempre o que é agora. No entanto, se você tiver a coragem de jogar a sua vara no chão, ela se transformará na vara iluminada pelo poder miraculoso de Deus, não porque você a jogou, mas por causa daquele que a transformará.

Meu amigo Brad Formsma é um líder no movimento da generosidade. Ele jogou sua vara ao vender o negócio que construíra com sangue, suor e lágrimas. Era um risco que ameaçava sua segurança financeira, mas Brad apostou todas as suas fichas e iniciou o "I Like Giving" [Gosto de doar]. Se você assistir a um dos vídeos dele, nunca mais será o mesmo.[12] Brad e a esposa, Laura, não apenas amam dar. Eles vivem para dar. E eles nos inspiram a seguirmos seu exemplo apostando todas as nossas fichas.

Tudo em todos

Recentemente, tive o privilégio de falar em uma reunião anual de alguns dos cristãos mais ricos do país — pessoas que dedicaram a vida a dar generosa e estrategicamente. Brad Formsma estendeu o convite e abriu a porta para mim. Enquanto estava lá, conheci alguns membros da Maclellan Family Foundation. Eles se encontram entre os mais respeitados filantropos do mundo. A fundação tem mais de 400 milhões de dólares em bens, e eles doaram mais de meio bilhão de dólares a causas do Reino desde 1945. Mas a história por trás disso tudo começou cerca de cem anos antes.

---

[12] Você encontra esses vídeos *on-line* em <www.ilikegiving.com>. Alguns dos meus preferidos são I Like Military [Eu gosto dos militares], I Like Car [Eu gosto de carro] e I Like Adoption [Eu gosto de adoção].

Deixe-me levar você de volta ao tempo e lugar em que a vara foi jogada — o tempo e lugar em que tudo começou.

Em 7 de junho de 1857, um escocês chamado Thomas Maclellan fez uma aliança com Deus, a quem ele chamou de *Tudo em Todos*. Aquela aliança firmada quando completava 20 anos foi renovada em seu aniversário de 50 anos e no aniversário de 70 anos. Mais de cinco gerações depois, a semente que ele plantou continua multiplicando-se nos milhões de dólares que são doados. No entanto, a genealogia da generosidade retrocede a uma oração definidora. Thomas Maclellan entregou-se completamente a Deus.

> Ó Deus do céu, registra no teu livro de recordações que daqui por diante sou teu para sempre. Renuncio a todos antigos senhores que tinham domínio sobre mim e consagro tudo o que sou e tudo o que tenho, as minhas faculdades mentais, os membros do meu corpo, as minhas possessões terrenas, o meu tempo, a minha influência sobre os outros, que tudo isso seja usado inteiramente para a tua glória.[13]

O legado que Thomas Maclellan deixou não foi riqueza. Foi a entrega total de sua vida ao senhorio de Jesus Cristo. Ele jogou a vara no chão. E Deus abençoou seus negócios, mas sabia que Thomas Maclellan não se apegaria à bênção.

O que seguramos nas mãos não pode multiplicar-se até que o coloquemos nas mãos de Deus. No entanto, se você largar e deixar Deus agir, ele usará sua vara muito além do que você possa imaginar.

Que é isso em sua mão?

Que é isso em sua mão?
Essa foi a pergunta que o Senhor fez a Moisés.

---

[13] **Thomas Maclellan's Covenant with God.** Disponível em: GenerousGiving.org, <http://library.generousgiving.org/articles/display.asp?id=16>. Acesso em: 14 fev. 2013.

E ele nos faz a mesma pergunta.

Talvez você fique tentado a responder: *Só uma vara.* Talvez você fique tentado a dizer: *Não posso fazer muita diferença.* E você não pode mesmo enquanto estiver agarrado ao que possui. Contudo, se você colocar os seus dois peixes nas mãos de Deus, Deus pode alimentar 5 mil pessoas com eles.[14]

Na matemática de Deus, 5 + 2 não é igual a 7. É igual a 5 mil, e o resto é 12. Os discípulos achavam que dois peixes e cinco pães não fariam muita diferença, mas eles subestimaram o Iron Chef.[15] Quando o jantar terminou, havia sobra em 12 cestos. Ou seja, mais que havia no início.

Se o rapazinho tivesse se agarrado aos dois peixes e aos cinco pães, esses alimentos teriam permanecido o que eram. Ao colocá-los nas mãos de Jesus, contudo, aqueles dois peixes e cinco pães se transformaram em alimento milagroso para a multidão!

Tenho um amigo pastor, Chip Furr, que se sentiu chamado a iniciar uma empresa de torrefação de café.[16] Não foi fácil tirar o projeto do papel, mas Chip sabia que estava pisando em terra santa. Então certo dia ele teve uma ideia vinda de Deus — por que não reciclar os sacos de estopa em que vinham os grãos de café para causas do Reino? Ele entrou em contato com uma empresa[17] que empregava pessoas com deficiências e conseguiu que eles costurassem modernas sacolas de compras e bolsas do tipo mensageiro. Ele chama isso de moda da restituição.

O que você tem nas mãos?

Você pode agarrar-se a isso e ver o que pode fazer.

Ou pode entregar e ver o que Deus pode fazer.

A escolha é sua.

---

[14] Mateus 14.13-21.
[15] Iron Chef é uma série japonesa de televisão que apresenta uma competição culinária. [N. do T.]
[16] Confira <www.climbsroast.org>.
[17] Visite <www.sackclothashes.com>.

Sir Moses

Moses Montefiore era um Moisés dos tempos modernos. Foi o primeiro judeu a ter um cargo de destaque na cidade de Londres. Amigo íntimo da família real, recebeu da rainha Vitória o título de *sir* Moses em 1837 — o mesmo ano em que ele foi eleito prefeito de Londres.

Mais tarde, *sir* Moses ficou famoso por sua filantropia. Ele fez sete viagens à Terra Santa, a última delas aos 91 anos de idade. Seu amor pela Terra Santa foi evidenciado ao fundar uma fábrica de tecidos, uma tipografia, um moinho e diversas colônias agrícolas na Palestina.

No aniversário de 100 anos de Moses, o *The London Times* lhe dedicou toda a seção editorial. Em um dos textos, uma notável troca de ideias foi repetida aos leitores. Alguém uma vez pediu a *sir* Moses que revelasse quanto valia seu patrimônio. Esse homem que acumulara uma fortuna em empreendimentos e imóveis pensou por alguns instantes. Em seguida, pronunciou um valor que ficou abaixo da expectativa do entrevistador. O inquiridor, surpreso, disse: "Mas com certeza a soma total da sua riqueza deve ser muito mais do que isso". Com um sorriso, *sir* Moses retrucou: "Você não me perguntou quanto eu possuo. Você me perguntou quanto vale o meu patrimônio. Portanto, calculei quanto havia doado para caridade este ano. Nós valemos apenas aquilo que estamos dispostos a compartilhar com os outros".

Quanto vale o que *você* possui?

Esse valor não é calculado pela soma total das suas ações e dos seus bens. E não tem nada que ver com os troféus na sua prateleira, os diplomas na sua parede, ou os títulos no seu cartão de visitas.

O seu patrimônio equivale à soma total de tudo o que você doou.

Nenhum centavo a mais.

Nenhum centavo a menos.

E, quando tudo tiver sido dito e feito, o que você não tiver compartilhado estará perdido para sempre. Mas o que você colocar nas mãos de Deus se torna um presente eterno.

Jogue a sua vara no chão.

capítulo 14 | Posicione-se

"Ó Nabucodonosor, não precisamos defender-nos diante de ti. Se formos atirados na fornalha em chamas, o Deus a quem prestamos culto pode livrar-nos, e ele nos livrará das tuas mãos, ó rei. *Mas, se ele não nos livrar, saiba, ó rei, que não prestaremos culto aos teus deuses nem adoraremos a imagem de ouro que mandaste erguer.*" (Daniel 3.16-18, grifo nosso)

Em 1888, Alfred Nobel teve o raro privilégio de ler o próprio obituário. Um jornal francês imprimiu isso erroneamente por ocasião da morte do irmão dele, Ludvig, que estava visitando Cannes. O obituário nomeava o prolífico inventor sueco de "o mercador da morte" e dizia que ele tornara possível matar um maior número de pessoas em menor tempo do que alguém já conseguira. Aquela acusação enviou ondas de choque à alma de Alfred. Aquele foi o momento decisivo que redefiniu sua vida e seu legado.

Alfred Nobel registrou 355 patentes durante a vida, porém a mais famosa delas foi a nitroglicerina misturada a uma areia absorvente e moldada na forma de bastões chamados de dinamite. Sua invenção tornou possível a construção de túneis, represas e canais. Economizava tempo, dinheiro e vidas. Como qualquer invenção, porém, também tinha o potencial para ser mal utilizada e abusada. Em mãos erradas, a dinamite se tornou uma arma de destruição em massa. Por isso Alfred Nobel dedicou o resto da vida, e também sua morte, para corrigir aquele erro.

Depois de ler seu obituário, Nobel reescreveu seu testamento. Em 27 de novembro de 1895, ele apostou todas as fichas que tinha e decidiu usar sua fortuna de 9 milhões para fundar um dos mais cobiçados prêmios do mundo, o Prêmio Nobel. Cem anos depois, o nome dele é sinônimo dos maiores avanços mundiais da ciência, literatura, medicina e da paz. O bem cumulativo resultante desse prêmio é incalculável.

Esse é o legado de Alfred Nobel.

Poucas coisas mudam tanto uma vida quanto experimentar a morte de perto. Eu a experimentei pessoalmente, sobrevivendo vários dias em um respirador após uma cirurgia de emergência para reparar uma ruptura dos intestinos. E a experimentei de modo vicário com o meu cunhado, Matt, que passou por uma cirurgia cardíaca seguida de uma cirurgia de emergência duas semanas depois.

A morte é um espelho que nos dá uma visão de quem realmente somos.

A morte é um espelho retrovisor que põe o passado em perspectiva.

Quanto mais perto da morte chegamos, mais claro e mais longe podemos ver. Nada calibra mais rapidamente as prioridades do que um diagnóstico de câncer, um acidente de carro ou uma ligação telefônica de um capelão do Exército. As coisas importantes se tornam extremamente importantes. E as coisas de menor importância revelam-se insignificantes.

Percebemos que cada dia deveria ser vivido como o primeiro e o último dias da vida! Afinal, é isso mesmo. Você nunca o viveu, e ele nunca se repetirá. Precisamos fazer que todos os dias valham a pena.

Por experiência, sei que experiências próximas à morte se tornam experiências próximas à vida. De fato, eu celebro dois aniversários todos os anos. Um é o meu aniversário biológico, 5 de novembro. O outro é o dia em que deveria ter morrido, 23 de julho. E, para ser honesto, o segundo é mais significativo que o primeiro.

Estou vivendo na prorrogação. Na verdade, todos nós estamos!

Experiências próximas à morte geralmente se transformam em momentos decisivos na nossa vida. E não conheço experiência que seja mais dramática do que a de Sadraque, Mesaque e Abede-Nego.

Sentença de morte

Era uma sentença de morte.

Sadraque, Mesaque e Abede-Nego sabiam que, se não se curvassem à estátua de 27 metros do rei Nabucodonosor, seriam executados. No entanto, esses três expatriados judeus obviamente temiam mais a Deus do que à própria morte. Eles prefeririam morrer nas chamas a desonrar Deus. Por isso tomaram a resolução decisiva de fazer o que era correto em vez de se curvarem ao que era errado.

Era tudo ou nada.

Era agora ou nunca.

Era vida ou morte.

Para ser honesto, eu poderia ter apresentado uma dezena de explicações para justificar curvar-me à estátua. *Estou me curvando exteriormente, o meu interior está de pé. Vou pedir perdão logo depois que me levantar. Só estou quebrando um dos Dez Mandamentos. O que Deus ganhará com a minha morte?* Quando se trata de racionalizar pecados, somos infinitamente criativos. Entretanto, geralmente, são as nossas racionalizações que anulam as revelações de Deus.

Quando comprometemos a nossa integridade, não deixamos espaço para a intervenção divina. Quando tomamos a situação nas mãos, tiramos Deus da equação. Quando tentamos manipular uma situação, perdemos o milagre.

Pare e pense a respeito.

Se Sadraque, Mesaque e Abede-Nego tivessem comprometido a integridade deles curvando-se diante da estátua, teriam escapado da fornalha ardente. No entanto, teriam sido libertados por Nabucodonosor, não por Deus. E teriam sido libertados *de*, não *por meio de*. Teriam desacreditado seu testemunho ao falhar no teste. E, embora pudessem ter a vida salva, eles teriam sacrificado a integridade.

Foi a integridade deles que desencadeou o milagre.

Foi a integridade deles que permitiu que Deus aparecesse e se revelasse.

A integridade deles era seu seguro de vida e seu seguro contra incêndio.

Integridade épica

Curvar-se ou não curvar-se?

Eis a questão.

Embora eu não consiga imaginar ninguém pedindo a seu funcionário para se curvar diante de uma estátua sua de 27 metros, não ficaria surpreso se lhe pedissem para ceder um pouco aqui ou ali. Não se curve. Perca o emprego antes de perder a integridade! Quando for tentado a manchar a sua integridade, lembre-se de que uma oportunidade não é uma oportunidade se você tiver de comprometer a integridade.

Foi a integridade que pôs Sadraque, Mesaque e Abede-Nego em apuros, mas foi por essa mesma integridade que eles encontraram favor diante de Deus. Então qual é a decisão? Curvar-se ou não? Você não pode seguir os dois caminhos! Eu preferiria estar em apuros com o rei Nabucodonosor a estar em apuros com Deus. Seria infinitamente melhor encontrar favor diante do Rei dos reis do que diante do rei Nabucodosor.

Quando violamos a nossa consciência comprometendo a integridade, pomos a nossa reputação em risco. Também passamos a ser o nosso advogado, porque saímos dos limites da boa, agradável e perfeita vontade de Deus. Contudo, quando obedecemos a Deus, ficamos debaixo de sua autoridade protetora. Ele é o nosso Advogado. E é a reputação de Deus que está em risco. Se não dermos lugar ao Inimigo, Deus não permitirá que ele toque um único fio da nossa cabeça.

> *Nenhum só fio de cabelo tinha sido chamuscado, os seus mantos não estavam queimados, e não havia cheiro de fogo neles.*[1]

A integridade não impedirá que sejamos lançados dentro da fornalha ardente, mas pode impedir que sejamos queimados. E ela não somente nos protegerá. Também convencerá as pessoas perto de nós. Quando vivemos de acordo com as nossas convicções, Deus se revela de modos que parecem uma loucura. Quando você exercita a integridade em situações de tentação, Deus sempre faz uma entrada dramática, assim como fez com Sadraque, Mesaque e Abede-Nego. Três homens foram lançados na fornalha, mas um quarto homem estava pronto e esperando para recompensar a integridade deles. E ele ainda está esperando. O Redentor quer resgatar-nos, mas pela fé precisamos colocar-nos nessa posição de precariedade.

Instintos protetores

Quando os meus filhos eram pequenos, a nossa família tirava férias na cabana de um amigo em Deep Creek, Maryland. A cabana se localizava em uma área com muitas árvores, e não ficaríamos surpresos em

---

[1] Daniel 3.27.

encontrar o Pé Grande[2] por ali. Embora não tenhamos avistado nenhum Pé Grande, havíamos sido avisados de que ursos marrons famintos apareceriam eventualmente procurando restos de comida. Certa noite, já tarde, decidi entrar na banheira de água quente com Parker e Summer. Estava frio e nevava, por isso o vapor subia. E também estava muito escuro porque as árvores bloqueavam a luz da lua. Tudo o que ouvíamos eram os sons da floresta. Essa combinação de fatores pôs os nossos terminais nervosos em alerta vermelho. Verdade seja dita, as crianças estavam bem assustadas, e eu também.

Quando mergulhamos na água a 41°C, os meus instintos protetores ferveram. Com uma voz exageradamente dramática, declarei paternalmente a meus filhos: "Se um urso sair do meio destas árvores e nos atacar, quero que saibam que eu morreria por vocês". Na época, as crianças tinham 6 e 8 anos. Vamos dizer que as minhas palavras estavam longe de ser consoladoras. Eles correram para dentro de casa gritando, e é um milagre que não estejam apavorados até hoje!

Embora eu devesse ter feito o meu pronunciamento de outra forma, nunca me esquecerei de como me senti. Cada fibra do meu ser atestava que o que dissera era verdadeiro. Eu morreria pelos meus filhos sem nenhuma hesitação, sob qualquer circunstância! Era a mais forte e mais pura concentração de instintos protetores que eu já sentira.

Esse é o impulso mais profundo do Pai em relação a nós. Você é a menina dos olhos dele. E qualquer um que mexer com você, mexe com ele. Os instintos protetores de Deus são mais evidentes na cruz — o lugar em que o amor incondicional e o poder onipotente formam o amálgama chamado graça maravilhosa. Foi aí que o Criador se colocou entre todo pecador caído e o anjo caído, Satanás. Foi aí que o Advogado se colocou contra o Acusador dos irmãos. O Filho de Deus sem pecado tomou a nossa culpa sobre ele.

A cruz é o modo de Deus dizer: "Vale a pena morrer por você".

---

[2] Criatura lendária parecida com um macaco de grande porte, que apareceria nas regiões selvagens e remotas dos Estados Unidos. [N. do R.]

Quando esta verdade que gera vida penetra no lugar mais profundo do seu coração, ela transforma sua forma de pensar, sentir e viver. O perfeito amor lança fora o medo. Você não teme mais, mesmo quando não pode defender-se. Mas também precisamos fazer a pergunta que está do outro lado:

Ele é digno de que eu morra por ele?

Entregar-se completamente, com tudo o que você tem, àquele que é tudo em todos, é tanto uma sentença de morte como de vida. A sua natureza pecaminosa, bem como os seus desejos egoístas são pregados na cruz. Então, e somente então, a sua verdadeira personalidade, o seu verdadeiro potencial e o seu verdadeiro propósito recebem vida. Afinal, Deus não pode ressuscitar o que não morreu. E é por isso que tantas pessoas estão meio vivas. Elas ainda não morreram para si mesmas.

Não jogue na defesa

Quem você vai ofender?

Essa é uma das decisões mais importantes que você vai tomar!

Se você temer o ser humano, vai ofender Deus.

Se temer Deus, vai ofender o ser humano.

Jesus certamente não tinha medo de ofender os fariseus. Aliás, ele fez disso uma forma de expressão. E eu a transformei em uma das minhas máximas: *vocês devem ofender os fariseus!* Ou, neste caso, vocês devem ofender Nabucodonosor!

Sadraque, Mesaque e Abede-Nego não queriam ofender o rei. Afinal, as posições de poder que ocupavam haviam sido conferidas pelo próprio Nabucodonosor. Eles deviam a ele seu sustento. Portanto, não se curvar à estátua do rei equivalia a cuspir no prato em que comiam, mas a outra opção era cuspir no prato de Deus.

A quem você vai ofender?

Descobri que, quanto mais influência alguém possui, maior se torna o alvo nas costas dessa pessoa. As pessoas vão mirar em você. Creia no que estou dizendo, já sofri ataques como escritor e pastor e tento lidar com isso da seguinte forma.

Em primeiro lugar, *considero a fonte*. Ninguém é irrepreensível, mas as críticas geralmente vêm daqueles que nos conhecem e nos amam. Presto mais atenção naqueles que me conhecem melhor. Por isso a minha esposa vem logo depois do Espírito Santo. Aliás, às vezes, mal consigo separar a voz de cada um! Isso é um testemunho da intuição de Lora, mas não quer dizer que Deus não possa falar por meio de um completo estranho. Às vezes, ele fala, mas precisamos avaliar com cuidado a motivação por trás da mensagem, já que não conhecemos o mensageiro.

Em segundo lugar, *considero o conteúdo*. Se a repreensão vai direto ao alvo, então a única resposta apropriada é o arrependimento. Se a repreensão é infundada, eu a ignoro. De qualquer forma, porém, precisa passar pelo filtro das Escrituras. Tenha ou não valor, procuro tratar os elogios da mesma forma que lido com as críticas. Derivo-as para Deus. Se não fizer isso, a crítica se transforma em cinismo e o elogio, em orgulho.

Por fim, *não jogo na defesa*. A vida é curta demais para gastar todo o meu tempo e energia me defendendo. Deus é o meu juiz e o meu júri. Vivo uma variação da máxima pela qual Abraham Lincoln vivia: "Você pode agradar todas as pessoas em algum momento, e algumas pessoas todos os momentos, mas não pode agradar todas as pessoas em todos os momentos".[3] É claro que isso é especialmente difícil quando o nome da pessoa é Nabucodonosor! Contudo, não importa como você discerne isso, o temor de Deus é o princípio da sabedoria, e o temor do homem é o princípio da tolice.

O meu amigo e mentor, Dick Foth, contou-me certa vez sobre o acordo que ele fez com Deus: *Se eu não levar o crédito, então não levarei a culpa*. Que modo maravilhoso viver e liderar assim!

O livro de Provérbios contém as seguintes palavras:

---

[3] Para a versão original, consulte McClure, Alexander. **"Abe" Lincolns' Yarns and Stories**. Philadelphia: International Publishing, 1901. p. 184: "It is true you may fool of the people some of the time; you can even fool some of the people all of the time; but you can't fool all of the people all of the time".

[...] sua glória [do homem] é ignorar as ofensas.[4]

Precisei apoiar-me nessa promessa mais de uma vez! Aliás, é uma das promessas mais marcadas na minha Bíblia. O meu objetivo é que seja praticamente impossível me ofender por causa da graça de Deus. Se Deus me perdoou por todas as ofensas, como posso me ofender com o pecado de outra pessoa? Sei que, ao me ofender, fico na defensiva e paro de jogar no ataque na minha vida. E é exatamente assim que o Inimigo nos neutraliza.

Jesus não se defendeu diante de Pilatos. Não se defendeu quando os soldados chicotearam suas costas, cuspiram em seu rosto e colocaram uma coroa de espinhos em sua cabeça. Não se defendeu nem mesmo quando os pregos atravessaram suas mãos e seus pés.

Jesus tinha uma legião de anjos a seu dispor, mas ele não ligou para o 190. Ele não se defendeu e também não se ofendeu. Pelo contrário, o Advogado intercedeu por seus executores: "Pai, perdoa-lhes, pois não sabem o que estão fazendo".[5]

Ego de 27 metros

Sadraque, Mesaque e Abede-Nego não se defenderam. Eles simplesmente agiram de acordo com suas convicções e deixaram as coisas acontecer. Isso é entregar-se completamente, com tudo o que temos, àquele que é tudo em todos. É recusar curvar-se ao que é errado. E mais ainda: é posicionar-se pelo que é certo. E, quando Nabucodonosor testemunhou a integridade inegociável daqueles homens, o próprio rei fez uma declaração de fé. Infelizmente, ele a levou um pouco longe demais, porque ameaçou despedaçar qualquer um que não se curvasse ao Deus de Sadraque, Mesaque e Abede-Nego.

---

[4] Provérbios 19.11.
[5] Lucas 23.34.

A palavra certa para descrever esse comportamento seria *obsessivo-compulsivo*?

É mais seguro dizer que qualquer um que construir uma estátua de 27 metros de si mesmo está provavelmente querendo compensar alguma coisa. Essa estátua é um exemplo típico de orgulho. E provavelmente Nabucodonosor é uma das pessoas mais egocêntricas da História. No entanto, todos possuímos um pequeno Nabucodonosor dentro de nós. Nunca construiríamos uma estátua de 27 metros, mas ficamos emburrados quando as pessoas não se curvam aos nossos desejos. Nunca lançaríamos outra pessoa em uma fornalha ardente, mas a nossa ira se incendeia quando não conseguimos que as coisas sejam feitas do nosso jeito.

Nós buscamos ser adorados de formas mais sutis. Exageramos nas nossas qualificações. Menosprezamos os outros pelas costas. E contamos mentiras do bem para esconder o que há de errado em nós.

Se não encontramos a nossa identidade e a nossa segurança no que Cristo fez por nós na cruz, tentaremos esconder a nossa insegurança atrás da hipocrisia.

Tentaremos lutar as próprias batalhas.

Tentaremos criar as nossas oportunidades.

Tentaremos estabelecer a nossa reputação.

E logo descobriremos que a manipulação é fatigante.

Pergunte a Saul.

As Escrituras dizem que ele tinha ciúmes de Davi. Saul não enxergava claramente; estava mais preocupado com sua reputação do que com a reputação de Deus.

Dois versículos apontam para dois momentos definitivos em sua queda.

> *Então, Saul edificou um altar para o Senhor; foi a primeira vez que fez isso.*[6]

---

[6] 1Samuel 14.35.

E um capítulo depois:

> *Saul foi para o Carmelo, onde ergueu um monumento em sua própria honra [...].*[7]

Em algum momento entre 1Samuel 14.35 e 1Samuel 15.12, Saul parou de edificar altares a Deus e começou a erguer monumentos a si próprio. E o profeta Samuel enxergou através da cortina de fumaça: "Embora pequeno aos seus próprios olhos, você não se tornou o líder das tribos de Israel?".[8]

Você sabe quem ergue monumentos a si próprio? Aqueles que pensam pouco de si! O orgulho é resultado da insegurança. E, quanto mais insegura uma pessoa é, mais monumentos precisa edificar.

Há uma linha tênue dividindo *Venha o teu reino* e *Venha o meu reino*. Se cruzarmos a linha, o nosso relacionamento com Deus passa a servir a nós mesmos.

Você não estará servindo a Deus. Estará usando Deus.

Você não erguerá altares a Deus. Erguerá monumentos a si próprio.

E há um nome para isso: idolatria.

Posicione-se

Chega o momento em que você precisa posicionar-se pelo que é certo, precisa posicionar-se por Deus. A situação vivida por Sadraque, Mesaque e Abede-Nego foi desses momentos. E são esses momentos que definem a nossa integridade.

O termo *integridade* provém da raiz da palavra *integer* ("inteiro") e se refere a um número completo *versus* uma fração. Em outras palavras, integridade é *entregar-se completamente*. A integridade não procura um caminho fácil. É uma proposição tudo ou nada.

---

[7] 1Samuel 15.12.
[8] 1Samuel 15.17.

Você está se curvando a alguma coisa?

Então é hora de posicionar-se.

E isso sempre começa pelas coisas simples.

Bobby Jones é reconhecido como um dos maiores jogadores de golfe da História, mas era uma pessoa ainda melhor. Ele venceu 13 grandes competições antes de se aposentar aos 28 anos de idade. Foi o primeiro jogador a conquistar os quatro maiores torneios em um mesmo ano. No entanto, mais do que todas as suas vitórias cumulativas no campo de golfe, Bobby Jones é famoso por ter apontado uma tacada contra si próprio no US Open de 1925. Ele inadvertidamente tocou a bola com o taco e acabou recebendo uma punição por isso, só que ninguém além dele havia percebido que ele tocara a bola. O juiz do torneio não percebeu. Seu adversário não percebeu. Os espectadores não perceberam. Bobby Jones poderia não ter se acusado e então não teria recebido penalidade. Afinal, ninguém vira o lance, que nem afetaria o resultado do jogo. Mas Bobby Jones não podia violar sua consciência. Ele apontou seu erro e acabou perdendo o aberto por uma tacada.

Quando os organizadores do torneio quiseram parabenizá-lo por sua integridade, Jones disse simplesmente: "Vocês também podem me elogiar por não arrombar bancos. Há apenas uma forma de jogar este jogo". Bobby Jones jogava pelas regras. Ponto final. E, ao agir assim, honrava a integridade do jogo. Um comentarista esportivo, Herbert Warren Wind, escreveu: "Na opinião de muitas pessoas, entre todos os grandes atletas, Bobby Jones foi o que chegou mais perto de ser chamado de um grande homem".[9]

Jones poderia ter vencido o torneio, mas teria perdido a integridade. E não valia a pena vencer o US Open com uma tacada que penalizaria sua integridade.

Essa é a integridade épica.

---

[9] Citado em **World Golf Hall of Fame Profile:** Bobby Jones. Disponível em: <www.worldgolfhalloffame.org/hof/member.php?member=1070>. Acesso em: 14 fev. 2013.

E é algo que deve ser celebrado. Vivemos em uma cultura que celebra o talento mais do que celebra a integridade, mas nós seguimos na direção contrária. O talento se deprecia com o tempo. Assim como o intelecto e a aparência. Você acabará perdendo a força e a estampa. Pode até perder a capacidade intelectual. Mas não precisa perder a integridade. A integridade é a única coisa que não se deteriora com o tempo. Nada leva mais tempo para ser edificado do que uma reputação piedosa. E nada é destruído com mais rapidez por um golpe do pecado. É por isso que a integridade deve ser celebrada e protegida acima de tudo.

A sua integridade é o seu legado.

A sua integridade é o seu destino.

Posicione-se.

capítulo 15 | Trinta moedas de prata

> Então, um dos Doze, chamado Judas Iscariotes, dirigiu-se aos chefes dos sacerdotes e lhes perguntou: "O que me darão se eu o entregar a vocês?" E lhe fixaram o preço: trinta moedas de prata. (Mateus 26.14,15)

Em 1972, o psicólogo Walter Mischel, da Universidade de Stanford, conduziu uma série de estudos sobre gratificação adiada que se popularizou além da comunidade acadêmica e passou a ser conhecido como o *teste do marshmallow*. O estudo original foi realizado na Bing Nursery School com crianças entre 4 e 6 anos. Oferecia-se apenas um *marshmallow* a cada criança, mas, se a criança conseguisse resistir à tentação de comê-lo imediatamente, ela receberia dois *marshmallows* em vez de um. Algumas crianças agarravam o *marshmallow* no momento em que o pesquisador saía da sala. Outras reuniram toda força de vontade que possuíam, empregando uma variedade de táticas para resistir à tentação. Elas cantaram, jogaram, cobriram os olhos ou falaram consigo mesmas o tempo inteiro. Umas poucas até tentaram dormir.

O objetivo do experimento era ver se a habilidade de adiar a gratificação estava correlacionada a realizações acadêmicas de longo prazo. O registro acadêmico das 216 crianças que participaram foi seguido até terminarem a escola. Quando o resultado longitudinal foi cruzado com o tempo de adiamento da gratificação, os investigadores descobriram uma dramática diferença entre as crianças que escolheram "um *marshmallow* agora" e as que escolheram "dois *marshmallows* depois". As crianças que exibiram a habilidade de adiar a gratificação por mais tempo se realizaram mais na área acadêmica. Em média, elas marcavam 210 pontos a mais no SAT.[1] E o teste do *marshmallow*[2] foi um indicador de sucesso acadêmico duas vezes mais eficiente que o teste de QI.

As crianças que esperaram para receber dois *marshmallows* também eram mais competentes socialmente. Havia uma diferença marcante em sua autoconfiança e autossuficiência. Elas também tomavam iniciativa e lidavam com a pressão com mais eficácia. Em um estudo seguinte, realizado com essas mesmas pessoas quando já estavam na casa dos 40 anos, os pesquisadores descobriram que as crianças que esperaram pelos dois *marshmallows* tinham salários melhores, casamentos mais sólidos e carreiras mais felizes.

O resultado desses estudos é o seguinte: a gratificação autoimposta direcionada a um objetivo é um poderoso indicador de sucesso futuro em qualquer empreendimento.

A palavra bíblica para isso é *exousia*. E a melhor tradução talvez seja *autocontrole sobrenatural*. Não é algo que simplesmente podemos trazer à existência. É um dos nove aspectos do fruto do Espírito. E não acho

---

[1] O SAT (Scholastic Assessment Test) é um exame de admissão para entrar em um programa de graduação em uma faculdade ou universidade nos Estados Unidos. [N. do T.]
[2] GOLEMAN, Daniel. **Emotional Intelligence.** New York: Bantam, 2005. p. 80-83.

que seja coincidência o fato de ser o último da lista. É o que leva mais tempo e pode ser o mais difícil de colher.

O Novo Testamento faz distinção entre dois tipos de poder.

Dunamis é o poder para fazer as coisas além da nossa habilidade natural.

Exousia é a força de vontade para *não* fazer coisas que temos capacidade de fazer.

Quer estejamos iniciando uma dieta, quer perseguindo um objetivo, quer abandonando um mau hábito, precisamos de *exousia*. O nosso sucesso a longo prazo será determinado pela nossa capacidade de adiar a gratificação. Isso é válido para os relacionamentos, a vida profissional e o bem-estar espiritual. E está no centro da entrega completa e com tudo o que temos àquele que é tudo em todos. Em vez de viver para buscar o aqui e agora, vivemos para o dia em que estaremos diante do trono de julgamento de Cristo.

Nas palavras imortais de C. T. Studd: "Apenas uma vida, e ela logo passará; apenas o que for feito para Cristo, e isso permanecerá".

É simples assim.

Um *marshmallow* agora?

Ou dois *marshmallows* depois?

Trinta moedas de prata

Se o experimento do *marshmallow* tivesse sido feito com os 12 discípulos, Judas Iscariotes teria caído no grupo do "um *marshmallow* agora". Ele não conseguia tirar a mão do pote de doces. Judas não apenas vendeu Jesus por 30 moedas de prata; ele nunca se comprometeu verdadeiramente com Jesus. E isso fica evidente em sua falta de integridade desde o princípio.

> [...] *era ladrão; sendo responsável pela bolsa de dinheiro, costumava tirar o que nela era colocado.*[3]

---

[3] João 12.6.

A traição de Jesus por Judas não foi um erro impulsivo. Judas traiu Jesus todas as vezes que surrupiava dinheiro da bolsa. E, embora a maioria de nós não consiga nem imaginar roubar de Jesus, nós o enganamos de muitas outras formas. Nós roubamos de Deus a glória que ele exige e merece ao não vivermos no limite do potencial que nos foi dado.

Não importa a nossa desculpa, o pecado sempre promete o que não pode cumprir e entrega menos do que prometeu, enquanto a justiça paga dividendos para a eternidade. Entretanto, nós nos vendemos por um *marshmallow* agora em vez de esperarmos por dois *marshmallows* depois.

Esaú vendeu seu direito de primogenitura por um prato de lentilhas.

Sansão vendeu seu segredo por um prazer momentâneo.

Judas vendeu a alma por 30 moedas de prata.

No que eles estavam pensando? A resposta é: eles não estavam pensando. Nada é mais ilógico que o pecado. É a representação perfeita do mau julgamento. É insanidade temporária com consequências eternas. E não temos nenhum álibi, a não ser a cruz de Jesus Cristo.

Não vale a pena, e sabemos disso.

Entretanto, pecamos.

Nós nos vendemos por tão pouco em vez de nos entregarmos completamente e recebermos muito em troca.

C. S. Lewis descreveu a nossa tendência de não valorizarmos Deus:

> Parece que Deus Nosso Senhor percebe os nossos desejos não como sendo muito fortes, mas muito fracos. Somos criaturas sem entusiasmo que passam um tempo com bebida, sexo e ambição, quando uma alegria infinita nos é oferecida, como uma criança ignorante que quer continuar fazendo tortas de lama num casebre porque não consegue imaginar o que significa a oferta de um final de semana na praia. Nós nos satisfazemos com muito pouco.[4]

---

[4] Lewis, C. S. **The Weight of Glory and Other Addresses.** Grand Rapids: Eerdmans, 1965. p. 2.

Trinta moedas de prata. Esse foi o preço de Judas. Os leitores judaicos reconheceriam esse valor como sendo o preço exato pago por um escravo morto acidentalmente sob a Lei mosaica.[5] Judas vendeu a alma pelo valor de reposição de um escravo.

As moedas de prata provavelmente eram siclos do santuário, uma vez que foram pagas pelos principais sacerdotes. E, embora algumas estimativas sejam mais elevadas, cada moeda poderia ter o valor ínfimo de 72 centavos! Por isso, na moeda de hoje Judas teria traído Jesus por algo em torno de 22 dólares.[6]

Um pequeno Judas

Sabemos muito pouco sobre Judas nas Escrituras, mas as teorias são abundantes. Alguns estudiosos sugerem que Judas era um covarde com vontade fraca e uma esposa manipuladora que o controlava. Outros acreditam que Judas traiu Jesus por pura ganância. E alguns sugerem que ele tinha aspirações revolucionárias. Judas queria um salvador político e, quando Jesus não cumpriu suas expectativas, ele desertou.

Fazemos a mesma coisa, não é mesmo? Quando Deus não se ajusta às nossas expectativas, somos tentados a trair aquilo em que acreditamos. Assim como Judas, permanecemos dentro enquanto conseguimos tirar proveito. E, quando Deus não realiza os nossos desejos como um gênio da garrafa divino, somos tentados a dar as costas para ele.

É isso o que separa os meninos dos homens. Ou talvez eu deva dizer: as ovelhas dos cabritos! Como você reage quando Deus não corresponde às suas expectativas? Se você realmente aceitou o convite de seguir Jesus, seguirá em frente em meio a furacões, granizo e condições arriscadas. Mas, se você apenas o convidou para seguir você, você pulará fora ao primeiro sinal de mau tempo.

---

[5] Êxodo 21.32.
[6] VINCENT, M. R. **Word Studies in the New Testament.** New York: Scribner's, 1887. Comentário sobre Mateus 26.16 (estimado pelo valor atual do dólar).

Como vimos anteriormente, é difícil analisar alguém que viveu milhares de anos atrás, porém é mais seguro dizer que Judas era espiritualmente esquizofrênico. E nós também somos assim. O nosso amor se mistura à mentira. Nós roubamos daquele a quem supostamente entregamos a nossa vida. E nós o traímos à nossa maneira.

Há um pequeno Judas em todos nós. E qualquer um de nós é capaz de trair Deus, se permitir que o temor às pessoas corroa o temor a Deus, que a ambição egoísta destrua a ambição santa, ou que os desejos pecaminosos causem curto-circuito nas paixões que Deus nos deu.

Grandes sombras

A traição de Judas fora prevista pelo profeta Zacarias quinhentos anos antes de acontecer, mas essa profecia não significa que devemos cair vítimas do fatalismo. Deus nos deu o livre-arbítrio. Portanto, para melhor ou para pior, a escolha é nossa.

A história muda em um momento preciso.

O momento preciso são as nossas resoluções decisivas.

E essas resoluções, certas ou erradas, definem o nosso destino.

Algumas resoluções decisivas são óbvias, como escolher uma carreira ou um cônjuge. Entretanto, a maioria das resoluções é tomada nas sombras, como fez Judas. É claro que essas resoluções acabam vindo à luz. E são essas resoluções decisivas que lançam as maiores sombras.

Pense em José resistindo às propostas sedutoras da esposa de Potifar.[7] Ele não fazia ideia de como essa decisão alteraria sua vida e o curso da História. E fazer a coisa certa não trouxe benefícios para ele durante dezessete anos. Na verdade, parece que teve o efeito contrário, pois José acabou lançado na prisão. No entanto, as nossas decisões, certas ou erradas, sempre nos alcançam, demorem menos ou mais. A decisão de José pelos dois *marshmallows* salvaria duas nações de serem destruídas pela fome duas décadas depois.

---

[7] Gênesis 39.6-8.

Pense em Davi decidindo em uma fração de segundo não matar o rei Saul quando o encurralou perto dos rochedos dos Bodes Selvagens.[8] Davi poderia ter argumentado que era um ato em legítima defesa. E ninguém teria visto o que ele fez. Ninguém, a não ser aquele que tudo vê!

É claro que Davi em outro momento também optou por "um *marshmallow* agora". Ele espiou a casa e a mulher dos outros do terraço do palácio. E, depois de ter dormido com Bate-Seba, ele tentou encobrir o pecado mandando matar Urias, o marido dela.

Decisões ruins geralmente levam a decisões piores ainda. Depois de ter traído Jesus, Judas tomou a pior e última decisão de sua vida. Ele acabou com a própria vida enforcando-se em uma árvore no campo do Oleiro. É um final mais do que triste. É uma advertência permanente.

A boa notícia é que Deus pode perdoar as nossas decisões erradas. E uma decisão certa pode mudar totalmente a trajetória da nossa vida. E aquela única decisão certa levará a decisões melhores. Mas tudo começa ao tomarmos a decisão certa quando ninguém está olhando.

Há em cada decisão uma causa passada e um efeito futuro que vão muito além do que discernimos aqui e agora. Decisões geralmente têm genealogias longas e complexas. E cada decisão é um momento de gênesis que tem o potencial de mudar radicalmente nao apenas o nosso destino, mas também o curso da história humana.

Que resolução decisiva você precisa tomar?

Que risco você precisa correr?

Que sacrifício você precisa fazer?

E assim é a vida

Em 1931, o escritor irlandês George William Russell escreveu um poema enigmático intitulado "Germinal".

---

[8] 1Samuel 24.8-13.

> Nas sombras e crepúsculos remotos
> Onde a infância se desgarrara
> As maiores tristezas do mundo nasceram
> E seus heróis se constituíram.
> Na meninice perdida de Judas
> Cristo foi traído.[9]

Judas não decidiu trair Cristo depois de segui-lo por três anos. As sementes da traição haviam sido plantadas em sua juventude. Isso com certeza não isenta Judas do que ele fez. E ele poderia ter decidido não trair. Mas as nossas escolhas mais importantes, quer boas quer ruins, com frequência têm as mais longas genealogias.

O psicoterapeuta austríaco Alfred Adler era famoso por iniciar as sessões de aconselhamento com seus pacientes novos perguntando: "Qual é sua memória mais antiga?". Não importava o que o paciente respondesse, Adler retrucava: "E assim é a vida". Adler acreditava que as nossas memórias mais antigas tinham um poder incomum de permanecerem conosco. A minha experiência com certeza comprova isso.

Um aspecto da minha personalidade retrocede a um incidente que aconteceu quando eu tinha 4 anos de idade. E pode revelar o pequeno Judas em mim. Um amiguinho de 5 anos que morava quatro casas adiante tinha uma bicicleta que eu com frequência pegava "emprestada". Às vezes, eu tinha permissão; outras vezes, não. Então um dia ele me informou orgulhosamente que eu não poderia mais pegar a bicicleta dele porque seu pai tinha tirado as rodinhas. Tomei aquilo como um desafio. Marchei até a casa dele, montei na bicicleta e andei pela primeira vez sem rodinhas. Em seguida, para acrescentar um ponto de exclamação, estacionei a bicicleta *dele* na *minha* garagem.

Se você quiser que eu faça alguma coisa, não me mande fazer. Diga-me que não pode ser feito! E eu tentarei fazê-lo. É assim que eu sou. E assim é a vida.

---

[9] Russell, George William. **Vale & Other Poems**. New York: Macmillan, 1931. p. 28.

Não sabemos praticamente nada a respeito da infância, adolescência ou juventude de Judas. Mas imagino que ele tinha acessos de birra quando não conseguia alguma coisa porque seu egocentrismo infantil ainda é evidenciado quando a mulher com um frasco de alabastro unge Jesus. Judas atreveu-se a criar caso.

> *Por que este perfume não foi vendido, e o dinheiro dado aos pobres? Seriam trezentos denários.*[10]

Judas devia ter concorrido a um Oscar com essa atuação. Ele não poderia importar-se menos com os pobres. Queria ser a estrela da penhora. E aquele perfume teria rendido um bom dinheiro. Muito mais do que 22 dólares!

É muito mais fácil *agir* como cristão do que *reagir* como um cristão! E a reação de Judas nessa situação é reveladora. Ele não estava completamente comprometido com Jesus. Estava junto com ele apenas pelo que poderia ganhar com isso.

Será que somos diferentes?

O Talmude ensina que há quatro tipos de pessoas no mundo.

A primeira pessoa diz: *O que é seu é meu.*

A segunda pessoa diz: *O que é seu é seu.*

A terceira pessoa diz: *O que é meu é meu.*

E a quarta pessoa diz: *O que é meu é seu.*

Qual dessas pessoas você é?

A primeira pessoa, obviamente, é gananciosa. Tal como Judas. A segunda e a terceira pessoas parecem ser moralmente neutras, mas os rabinos judeus consideram uma má interpretação fundamental da ordem criada. Nada pertence a nós, nem nós mesmos. Somente a última pessoa está certa porque descobriu que o segredo para viver feliz é a doação sacrificial. E na verdade não estamos abrindo mão de nada.

---

[10] João 12.5.

Estamos apenas devolvendo o que Deus nos emprestou em primeiro lugar. A bolsa de dinheiro inteira pertence a ele!

O segundo pecado

O pecado original, cometido por Adão e Eva, foi acreditar na mentira do Inimigo de que Deus estava retendo alguma coisa deles. Eles comeram da árvore do conhecimento do bem e do mal porque acreditavam que Deus estava escondendo alguma coisa deles. E a fruta não cai muito longe do pé. Se não acreditar que Deus entregou tudo em seu favor, você não entrega tudo por ele. Por isso o segundo pecado relatado nas Escrituras e o primeiro fora do jardim do Éden é um enteado do pecado original.

Abel se entregara completamente.

Ele ofereceu a Deus o que havia de melhor — os cordeiros escolhidos.

Mas Caim se escondeu de Deus.

Ele ofereceu as sobras a Deus — a pior parte de sua colheita.

Nada mudou.

A escolha ainda é nossa — esconder-nos de Deus ou nos entregarmos completamente.

Não há meio-termo.

Não é essa a lição que aprendemos com Ananias e Safira? Eles doaram à igreja o valor da venda de uma propriedade, mas Deus os fez cair mortos. Por quê? Porque eles mentiram descaradamente para parecerem completamente comprometidos. Eles afirmaram terem ofertado tudo, mas guardaram o troco no bolso.

Isso revela que o verdadeiro valor de uma oferta não é quanto doamos. A oferta é medida por quanto guardamos para nós mesmos. É por isso que a viúva que deu somente duas moedinhas foi honrada por sua generosidade. Ela ofertou menos do que todos os outros, mas não guardou nada para si. É por isso que Jesus honrou o menino que deu os cinco pães e os dois peixes. Não era muito, mas era tudo o que ele tinha.

Por definição, um sacrifício deve envolver sacrifício. Caim deu o que não queria ou não podia mais usar. Não houve sacrifício em seu sacrifício. Ele reteve o melhor e entregou o pior. E isso nunca foi bom o suficiente para aquele que é tudo em todos.

Aumentando o risco

Recentemente apresentei à nossa congregação a visão de um centro comunitário em Washington, DC. Creio que seja a coisa mais significativa que já fizemos como igreja. Seremos os pés e as mãos de Jesus em uma parte da cidade que precisa desesperadamente disso. E sei que isso está no coração de Deus porque mostraremos seu amor àqueles que não têm esperança, aos órfãos e desabrigados.

O preço dessa visão são 3,8 milhões de dólares. E senti que seria importante que Lora e eu abríssemos caminho, de modo que assumimos um compromisso em oração — sem dúvida o maior compromisso financeiro que já havíamos assumido na vida. Poucos dias depois, alguém ofereceu um subsídio que, literalmente, dobraria todos os valores. Diante dessa generosidade, decidimos cortar metade da nossa oferta para igualar-se ao valor original.

Não, não fizemos isso!

Esse ato de generosidade inspirou Lora e eu a dobrarmos a nossa oferta. Depois, nos sentimos levados a dobrar mais uma vez, e assim a nossa oferta final foi quatro vezes o valor original. E a nossa congregação seguiu os nossos passos. Um casal ofertou 10% do total do projeto. Uma pessoa que havia ofertado 3 mil dólares elevou o valor para 50 mil dólares. E chegamos a receber uma doação de 76 mil dólares de um ouvinte dos nossos *podcasts* que nunca esteve em uma das nossas reuniões de final de semana.

Em menos de três meses, uma igreja composta principalmente por pessoas na casa dos 20 anos arrecadou mais de 3,8 milhões de dólares. Desafiei cada um dos membros a ser um participante da visão, mas fiquei surpreso com a forma pela qual as pessoas se dispuseram a dar passos de fé. O que mais me tocou não foi o tamanho das ofertas. Fiquei muito impactado com aqueles que fizeram grandes sacrifícios. Um casal ofertou o dinheiro que daria de entrada em sua primeira casa, dinheiro que estava sendo economizado havia anos. Eles sentiram que Deus queria que edificassem a casa dele antes que comprassem a própria casa. Outra pessoa ofertou a poupança que os pais haviam feito para ele. E algumas pessoas ofertaram heranças que receberam de pessoas queridas.

Em um sermão que pregou em uma montanha, Jesus disse: "Pois onde estiver o seu tesouro, aí também estará o seu coração".[11]

Você pode doar sem amar, mas não pode amar sem doar. Se você de fato ama alguém, doará até doer. Jesus agiu assim. Sei que isso pode ser mal interpretado, mas, se o seu tesouro não estiver ali, então o seu coração não estará. Foi Jesus quem disse isso. Não fui eu. E você estará retendo assim como Caim. Ou, pior ainda, estará vendendo como Judas.

Às vezes, o amor é medido em dinheiro. Você precisa colocar o seu dinheiro onde a sua boca está. E o seu coração seguirá.

Ouro, incenso e mirra

A história dos magos é geralmente relegada ao sermão de Natal, mas apresenta um contraste com Judas. Judas vendeu Jesus por algumas moedas de prata. Esses sábios compraram para ele presentes valiosos.

À primeira vista, parece que os sábios levaram os presentes errados para o chá de bebê, não parece? Que criança quer um frasco de incenso? Dê à pobre criancinha uma figurinha de ação — Davi com a funda ou Sangar com a aguilhada.

Isso me faz lembrar de uma história que li, intitulada "As três mulheres sábias".

---

[11] Mateus 6.21.

Você sabe o que teria acontecido se fossem três mulheres sábias em vez de três homens sábios? Elas teriam pedido informações, chegado a tempo, ajudado o bebê a nascer, limpado o estábulo, feito um ensopado e levado presentes práticos.[12]

Ouro, incenso e mirra parecem ser os presentes errados, mas pare e pense um pouco. Como um carpinteiro pobre que acabara de pagar uma grande taxa financia uma viagem a um país estrangeiro? Esses presentes eram exatamente do que José e Maria precisavam. Eles eram seu bilhete premiado para o Egito. E aquela era a única forma de escapar do genocídio que se seguiu. Aqueles presentes salvaram a vida deles!

Agora permita-me ligar os pontos.

Os presentes dos magos foram o milagre de José e Maria!

E o mesmo é válido para nós. Dar é uma das formas de participarmos dos milagres de Deus. Os acionistas que investiram no nosso centro comunitário não estavam apenas comprando um prédio de tijolos. Eles estavam investindo suas ações em vidas que serão transformadas pela graça de Deus. Suas ofertas de ouro, incenso e mirra se transformarão no milagre de alguém. Como a mulher que é resgatada da indústria do sexo e lhe ofereçam um lugar onde estar em segurança e ser curada e restaurada. Ou a criança órfã que é disciplinada por um mentor amoroso. Ou o sem-teto que se põe de pé novamente e consegue um emprego. E, acima de tudo, aqueles que dão o primeiro passo de fé entregando a vida ao senhorio de Jesus Cristo.

Talvez seja hora de parar de procurar a saída mais fácil e começar a andar mais uma milha.

Talvez seja hora de parar de guardar e começar a dobrar.

Talvez seja hora de parar de esperar Jesus seguir você e tomar a decisão de seguir a ele.

---

[12] JASIEKIEWICZ, Anne. **A Laugh a Day:** Jokes to Keep the Doctor Away. Bloomington, Ind.: AuthorHouse, 2010. p. 18.

Pense grande

Em 1976, a Apple Inc. foi fundada por três homens. Steve Jobs, que acabou tornando-se o diretor executivo, é o mais famoso dos três. Você provavelmente já ouviu falar de Steve Wozniak, o idealizador que inventou os computadores Apple I e Apple II. Mas provavelmente você não ouviu falar do terceiro membro do trio da Apple, Ronald Wayne. Foi Wayne quem esboçou o primeiro logotipo, criou o primeiro manual e escreveu o acordo de parceria original.

Ronald Wayne possuía 10% das ações da Apple. Existem agora 940 milhões de ações ativas negociadas acima de 500 dólares a unidade. Portanto, aqueles 10% valeriam pelo menos 47 bilhões. Contudo, menos de duas semanas depois de receber sua cota de 10%, Ronald Wayne a vendeu por 800 dólares.

Não seja um Ronald Wayne!

Acima de tudo, não seja um Judas Iscariotes!

A perda de Wayne perde a importância em comparação com Judas. Judas tinha o Reino de Deus nas mãos, mas ele deixou escapar por entre os dedos.

Quando não houver mais nada a fazer, nem a dizer, o nosso único arrependimento será o que não devolvemos a Deus, pois isso estará perdido pela eternidade. Mas o tempo, os talentos e os tesouros que tivermos investido no Reino receberão juros compostos pela eternidade.

A maioria das pessoas passa a maior parte da vida acumulando as coisas erradas. Comece a se desfazer das coisas que se depreciam com o tempo e passe a investir naquelas que se valorizarão por toda a eternidade.

Pare de vender-se ao pecado.

Pare de subestimar o valor de Deus.

É hora de entregar-se completamente, com tudo o que você possui, àquele que é tudo em todos.

Parte 5
Tudo ou nada

capítulo 16 | O ídolo que provoca ciúmes

> O Espírito levantou-me entre a terra e o céu e, em visões de Deus, ele me levou a Jerusalém, à entrada da porta norte do pátio interno, onde estava colocado o ídolo que provoca o ciúme de Deus. (Ezequiel 8.3)

Deus não tem ciúmes *de* nada. Não pode ter. O Todo-poderoso é mais do que suficiente. Porém, o Criador tem ciúmes *por* tudo, uma vez que tudo pertence a ele.

Cada folha de grama.

Cada gota de água.

Cada grão de areia.

Nas palavras imortais de Abraham Kuyper: "Não há um centímetro quadrado em todo o domínio da existência humana sobre o qual Cristo, o Soberano sobre todas as coisas, não clame: 'Meu!' ".[1]

Tudo foi criado por ele e para ele.

E isso inclui você — todo o seu ser.

Nunca houve e nunca haverá ninguém como você, mas isso não é um testemunho a seu favor. É um testemunho do Deus que o criou. E quer dizer que ninguém pode adorar a Deus *como você* ou *por você*. Você é completamente insubstituível no grande plano de Deus. E Deus tem ciúmes por você — por todo o seu ser.

Cada pensamento. Cada desejo. Cada sonho. Cada palavra. Cada momento.

É ele quem propulsiona as suas sinapses. É ele quem concebe desejos no interior do seu coração. Ele é o Doador de Sonhos. É ele quem mede os seus dias.

Tudo *vem* dele, e tudo é *para* ele.

É por isso que ele tem ciúmes.

É por isso que entregar-nos completamente, com tudo o que temos, é o nosso padrão de referência.

É por isso que Deus não se satisfará com nada menos do que a nossa entrega completa.

Ciúme duplicado

O caráter de Deus é revelado pelos nomes de Deus. Ha mais de 400 nomes para Deus, e cada um deles revela uma dimensão de quem ele é. Um desses nomes foi revelado a Moisés no monte Sinai:

---

[1] KUYPER, Abraham; BRATT, James B. (Ed.). **Abraham Kuyper:** A Centennial Reader. Grand Rapids: Eerdmans, 1998. p. 488.

Nunca adore nenhum outro deus, porque o SENHOR, cujo nome é Zeloso, é de fato Deus zeloso.[2]

Você percebeu a dupla ênfase?

Esse versículo me faz lembrar da minha frase favorita em camisetas: Departamento de Departamentos Redundantes. A primeira vez que vi essa frase, ela me chamou a atenção. Nem sei por que achei tão engraçado, mas é provavelmente pelo mesmo motivo que acho esse versículo fascinante. Deus não apenas tem ciúmes por nós. O ciúme dele é duplicado. E, quando Deus diz alguma coisa mais de uma vez, você precisa pensar duas vezes sobre o que isso significa.

Você não pertence a Deus apenas uma vez. Pertence a ele duas vezes.

A primeira vez por criação.

A segunda vez por redenção.

Ele nos deu a vida por meio da criação. E, quando estávamos mortos em nossos pecados, ele nos deu a vida eterna por meio da redenção. Não devemos a ele uma vida. Devemos a ele duas vidas! E é por isso que Deus sente ciúmes duplicado por nós.

O ciúme não é um traço de caráter sobre o qual cantamos ou escrevemos com frequência. Nós o ignoramos porque não o compreendemos. O ciúme tem uma conotação negativa porque para nós ele geralmente é resultado do orgulho. No entanto, o ciúme de Deus é uma bela expressão do amor divino. É um amor ciumento que quer todo o seu ser — tudo para ele. E, se você já se apaixonou, sabe que é a forma mais apaixonada de amor que existe.

O fim do eu

Não creio que eu entendesse essa dimensão do amor até me tornar esposo e pai. Tenho ciúmes da minha esposa. E é assim que deveria ser.

---

[2] Êxodo 34.14.

Ele pertence a mim, e eu pertenço a ela. O casamento não é uma proposição de 50%. Vocês não se encontram no meio quando se encontram no altar. Eu fiz votos de entregar todo o meu ser a todo o ser dela. Era *no melhor e no pior, na riqueza e na pobreza, na doença e na saúde.*

Como pastor, geralmente ajudo casais a fazerem seus votos de casamento. Uma das minhas frases favoritas é esta: *sem reter nada.* É tudo ou nada. Casamento não é um compromisso. É colocarmos o nosso ser no altar quando estamos no altar. Não há mais *eu.* Há somente *nós.* Qualquer coisa menos do que isso é adultério.

Tenho ciúmes da minha esposa. Se você mexer com ela, está mexendo comigo. E eu vou te colocar no chão! O meu amor pela minha esposa é protetor e possessivo — nas coisas grandes e nas pequenas.

Poucas semanas depois do nosso casamento, Lora levou um vestido à lavanderia, e ele estragou no processo de lavagem a seco. Quando Lora educadamente mostrou o problema, a mulher a chamou de mentirosa. Imediatamente pensei em algumas coisas para dizer àquela mulher! Em parte, o que me enfureceu é que a minha esposa é a pessoa mais honesta que conheço. Eu não me importava com um pedaço de pano. Era a acusação contra o caráter da minha esposa. Honestamente, senti a raiva subindo. Digamos que tenha sido a ocasião em que estive mais próximo de alguém chamar a polícia. Causei uma cena. Eu estava disposto a deixar o seminário e acampar na frente daquela lavanderia até que corrigissem o erro. Reagi exageradamente, mas era o amor ciumento de um marido recém-casado. E esse amor só ficou mais forte ao longo dos nossos vinte anos de casados.

Ciúmes, no contexto santo do matrimônio, é a mais bela expressão de amor na terra. E, quando reconhecemos quem realmente somos, a noiva de Cristo, começamos a entender a tenacidade e a veracidade do amor que tem ciúmes. E também começamos a ver a idolatria como ela realmente é: idolatria é adultério.

7 bilhões para Deus < 3 para mim

Quero que os meus filhos amem a Deus em primeiro lugar, mas a segunda oração que faço é que eles também amem a mamãe e o papai! Não há pensamento mais doloroso para mim como pai do que a ideia de os meus filhos não me amarem como eu os amo, mas isso é prerrogativa deles. E provavelmente será até que tenham os próprios filhos, que eles amarão assim como eu e a mãe deles os amamos.

Se você me dissesse que dois dos meus três filhos me amam, eu não ficaria satisfeito com 66,7%. Ficaria devastado. Não amo os meus filhos de forma igual. Eu os amo de forma única. E é assim que Deus nos ama. O amor de Deus por você não é apenas incondicional. É absolutamente único.

> *"Porque Deus tanto amou o mundo que deu o seu Filho Unigênito, para que todo o que nele crer não pereça, mas tenha a vida eterna."*[3]

A maioria de nós memorizou João 3.16, mas nunca o personalizou. E há uma diferença. O amor de Deus parece grandioso, mas impessoal. Sabemos que ele ama todos, mas, como há bilhões de pessoas no Planeta, sentimo-nos um pouco perdidos na multidão. Você provavelmente pode compreender como eu me sentiria devastado se um dos meus filhos não me amasse, mas você já parou e considerou o simples fato de que 7 bilhões para um Deus infinito é muito menos do que 3 filhos é para mim?

Da mesma forma que o seu amor por Deus é único, assim é o amor dele por você. O amor de Deus não se divide 7 bilhões de vezes. Ele ama você completamente com todo o ser dele. Você é a menina dos olhos de Deus. Não há dúvida quanto a isso, porque é o que as Escrituras declararam. A única pergunta que permanece é esta:

Ele é sua pérola de grande preço?

---

[3] João 3.16.

A deusa do sexo

No livro de mesmo nome, o profeta Ezequiel tem uma visão de um ídolo que é chamado de "o ídolo que provoca o ciúme de Deus".[4] Estudiosos acreditam que o ídolo ao qual o profeta se refere é a deusa cananeia da fertilidade.

Ela era a deusa do sexo para eles.

Sei que parece um tanto estranho e ingênuo ler sobre os povos pagãos antigos que esculpiam os próprios deuses e depois se curvavam à madeira entalhada. Mas será que somos tão diferentes assim? Somos melhores? A diferença é que nós somos pecadores sofisticados!

Não quero pegar no pé da Cidade do Pecado, mas você já foi a Las Vegas? O deus da luxúria é adorado aberta e livremente. Entretanto, o fato de a pornografia ser uma indústria de 100 bilhões de dólares é uma prova de que o deus da luxúria também é adorado secreta e viciosamente em todos os outros lugares. O que estou querendo dizer é o seguinte: ainda estamos nos curvando à deusa cananeia da fertilidade. E, como todos os outros ídolos, ela precisa ser destronada. Precisamos nos posicionar contra a idolatria.

Qual é o ídolo que provoca os seus ciúmes?

Para algumas pessoas, é tão óbvio quanto sexo, dinheiro, comida ou carreira. Para outros, está disfarçado como falsa humildade. O ídolo que provoca ciúmes é qualquer coisa que desvia a nossa atenção de Deus, a nossa afeição por Deus ou a nossa confiança em Deus. É qualquer coisa que consome mais tempo ou mais dinheiro do que nossa busca a Deus.

Idolatria é qualquer coisa que impede você de se entregar completamente.

Idolatria é qualquer coisa que impede que Deus seja o seu tudo em todos.

---

[4] Ezequiel 8.3.

Identificar o seu ídolo começa por observar como você gasta o seu tempo e o seu dinheiro. Posso dizer quais são as minhas prioridades; mas, se você quiser saber realmente o que é mais importante para mim, tudo o que você precisa fazer é olhar a minha agenda e o meu talão de cheques. Eles não mentem. Revelam quais são realmente as minhas prioridades. E também revelarão o ídolo que provoca os meus ciúmes.

Câmeras escondidas

Idolatria não é um problema. É *o* problema.
O pecado é apenas um sintoma. A idolatria é a raiz.
Não basta apenas você confessar o pecado. Você precisa destronar o ídolo.
Contudo, para descobrir qual é o nosso ídolo, precisamos cavar um pouco mais fundo.
A deusa cananeia do sexo era o ídolo mais visível no templo, mas era apenas a ponta do *iceberg* da idolatria. Quando Ezequiel espiou pelo buraco de uma câmera escondida dentro do templo, viu criaturas rastejantes e animais impuros pintados nas paredes como hieróglifos antigos.[5]
O que está gravado nas paredes da sua mente?
O que está escondido na câmera escondida do seu coração?
Todos nós temos câmeras escondidas — o pecado escondido que ninguém vê, exceto o olho que tudo vê. É o que você faz quando ninguém está olhando. É quem você é quando ninguém está por perto. É o lugar onde escondemos os nossos ídolos mais preciosos. E o inimigo quer que você mantenha em segredo o seu pecado secreto. É assim que ele nos chantageia.
Como pastor, ouvi inúmeras confissões. Quando eu era mais jovem, ficava chocado com alguns dos pecados secretos que as pessoas

---

[5] Ezequiel 8.10.

confessavam — pessoas que pareciam um exemplo de santidade. Não me surpreendo mais com o pecado. Fico surpreso com as raras pessoas que têm a coragem moral de confessarem seus pecados. E é por isso que o meu respeito para com uma pessoa que confessa o pecado nunca diminui, mas sempre aumenta.

Recentemente, a nossa igreja filmou uma série de pequenos documentários. Semana após semana, indivíduos corajosos compartilharam algumas de suas dores mais profundas e suas maiores lutas. A cada testemunho, a nossa igreja crescia em graça. Quando um membro da nossa equipe compartilhou seu vício secreto em pornografia *gay*, as pessoas abriram a porta de suas câmeras secretas. A vergonha saiu, e a graça entrou. No livro de Apocalipse, lemos que Jesus está à porta e bate. O relacionamento inicia-se quando abrimos a porta da frente, mas não termina ali. Ele também bate às portas escondidas! Jesus não quer entrar apenas; ele quer estar em todos os lugares.

O pátio interior

Assim como o templo judaico tinha um pátio exterior e um pátio interior, o nosso coração também tem um pátio exterior e um pátio interior. Não basta apenas convidar Jesus para entrar no pátio exterior. Você precisa deixar que ele entre no interior. Ele quer renovar cada esconderijo e fenda do seu coração, mas você precisa abrir a porta do seu quarto escondido. E, em alguns casos, Jesus faz um trabalho de limpeza completo.

C. S. Lewis descreveu isso em termos semelhantes:

> Imagine-se como uma casa viva. Deus entra para reconstruir essa casa. A princípio, talvez, você compreende o que ele está fazendo. Ele está consertando o escoamento e tapando as goteiras do telhado e assim por diante... Mas de repente ele começa a atingir a casa com força, de uma forma que dói abominavelmente e não parece

fazer sentido. Afinal, o que ele está fazendo? A explicação é que ele está construindo uma casa um tanto diferente da que você imaginara — edificando uma nova ala aqui, colocando um novo piso ali, erguendo torres, construindo pátios. Você pensou que seria uma cabana decente: mas ele está construindo um palácio. Ele mesmo pretende se mudar e vir morar nesse palácio.[6]

Os meus amigos Judd Wilhite e Mike Foster são os fundadores da POTSC — People of the Second Chance [Pessoas da segunda chance]. Eles são advogados da graça. Por isso a igreja que Judd pastoreia, a Central Christian Church, alcança muitas pessoas que estão longe de Deus. Amo o lema que eles espalharam pelas paredes da igreja: *Não há problema em ter problema*. Tive o privilégio de pregar ali algumas vezes e espero que isso não seja mal interpretado, mas nunca encontrei tantas pessoas que pareceriam, exteriormente, concorrer como as "menos prováveis a frequentarem uma igreja". Parecia que eu estava em um *show* de Las Vegas ou em um encontro de tatuadores. Eles criaram uma cultura de graça em que as pessoas não precisam fingir que está tudo bem. Isso quer dizer que eles colocaram um selo de aprovação no pecado? Com certeza, não. Significa apenas que não o escondem nem o ignoram. Graça é amar as pessoas por quem elas são, onde elas estão. É amar as pessoas *antes* que mudem, não apenas *depois* da mudança. E essa graça é a diferença entre o santo e o "mais santo do que você". A santidade em sua forma mais pura é irresistível. É por isso que os pecadores não conseguiam ficar longe de Jesus. A hipocrisia tem o efeito contrário. É tão repulsiva para os que não são religiosos como a religiosidade dos fariseus era para Jesus.

---

[6] LEWIS, C. S. **Mere Christianity.** Anniv. ed. New York: Macmillan, 1981. p. 173. [**Cristianismo puro e simples.** São Paulo: Martins Fontes, 2009.]

O nó górdio

Depois de revelar o que estava nas câmeras secretas, Ezequiel encontrou mais um ídolo na entrada do portão norte do templo. Ele viu mulheres lamentando Tamuz, o deus babilônio da fertilidade da primavera. [7] A palavra-chave aqui é *lamentando*. Se você quer identificar os seus ídolos, precisa identificar as suas emoções. Trace o caminho das suas lágrimas ou temores, alegrias ou gracejos. Se você seguir até o início da trilha, deparará com os ídolos de sua vida.

Esse é o seu Tamuz.

O que deixa você louco, ou triste, ou alegre?

O que estraga o seu dia, ou o faz ganhar o seu dia?

O que desencadeia as suas reações emocionais mais fortes?

A acusação contra os israelitas não era apenas que eles estavam mantendo um relacionamento emocional com um falso deus. O pior ainda é que eles não tinham sentimentos para com o próprio Deus que os criara com uma amígdala — um grupo de neurônios em forma de amêndoa localizado na região anteroinferior do lobo temporal cerebral que é responsável pelas emoções. Se os seus sentimentos mais profundos forem reservados a outro que não o Deus todo-poderoso, então essa outra coisa é um ídolo emocional. Não estou dizendo que você não possa entusiasmar-se com o seu time favorito, o seu passatempo favorito ou a sua comida favorita. No entanto, se você fica mais entusiasmado com coisas materiais do que com o fato simples mas profundo de que o seu pecado foi cravado na cruz pelo Filho de Deus sem pecado, então você está se curvando a Tamuz.

Sei que cada um de nós tem um tipo diferente de personalidade, mas não use isso como desculpa.

A forma *com que* você expressa as emoções não é a questão.

Tampouco *quando* ou *onde*.

---

[7] Ezequiel 8.14.

O ponto é *por quê*.

O seu coração se quebra pelas coisas que partem o coração de Deus? Essa é *a* questão.

O número estimado de emoções humanas chega a 400, mas, não importa quantas haja, somos chamados a amar a Deus em cada uma delas. É isso o que significa amar a Deus de todo o coração.

A distância entre a cabeça e o coração é de apenas 30 centímetros, mas é a diferença entre informação e transformação. Não basta convidar Jesus a entrar apenas na sua mente. Você precisa abrir a porta do seu coração. Nenhuma porta pode permanecer fechada. Nem mesmo a porta das suas câmeras interiores.

Nada enreda mais as emoções do que o pecado. E, se você pecar por muito tempo, elas parecerão um nó górdio impossível de desatar. Jesus Cristo, porém, foi à cruz para desfazer o que você fez. Ele quebrou a maldição do pecado para que você possa romper o ciclo do pecado.

Recentemente, tive o privilégio de batizar um homem chamado Josh. Ele era filho de pastor, mas, quando saiu de casa, saiu também da igreja. Tornou-se um cínico e um cético. Então Josh se mudou para Washington, DC, para assumir um emprego dos sonhos, mas naquele ponto a vida dele era um verdadeiro pesadelo.

> *Em algum momento, lembro-me de ter pensado que, se o meu eu aos 9 anos de idade encontrasse o meu eu atual, ele não ficaria irado; ele cairia de joelhos chorando e clamando muito a Deus para que eu melhore. Infelizmente, os desafios da vida continuaram sendo maiores do que eu podia suportar, por isso eu pecava cada vez mais com o passar dos anos. Os meus relacionamentos familiares, as minhas amizades, o meu emprego, a minha saúde — tudo isso era sugado para esse grande buraco negro que se tornara a minha vida.*

Foi nesse momento que a tia de Josh o convidou a ir à National Community Church. Ela o convenceu dizendo que a igreja se reunia em uma cafeteria. Josh concordou em ir, imaginando que pelo menos ganharia um café. Mas ele recebeu muito mais do que isso. Josh é um cara grandalhão, um cara durão. E isso torna o seu testemunho ainda mais poderoso.

> *Eu não consegui parar de chorar durante o culto inteiro. Para ser sincero, não me lembro do que tratava a pregação. O que me atingiu como um caminhão de tijolos foi a sensação de uma ânsia sendo preenchida. Ao longo dos anos, eu me esforçara tanto para evitar as pessoas e cuidar de mim mesmo que não dava um centímetro de mim a ninguém nem a coisa alguma. Naquela manhã, porém, uma fortaleza de vinte anos desmoronou quase sem esforço.*
>
> *Não posso descrever o medo e a alegria avassaladores que me envolveram naquela manhã. Eu tinha muito medo por tudo estar desmoronando, todo o trabalho de anos para me proteger da dor e das feridas. Eu me esforçara demais para me separar de tudo o que se relacionasse com Deus. Mas a alegria, oh, a alegria pura, era isso o que me fazia chorar, a inundação de alegria. Eu não me permitira senti-la por medo de perdê-la ao longo dos anos. Eu sentia como se a vida estivesse fluindo de novo em mim ou como se os raios do sol me tocassem depois de ter sido privado deles por uma vida inteira.*
>
> *Não sinto como se tivesse recebido a resposta para todas as perguntas que sempre fizera sobre Deus, mas recebi uma paz interior por ter me entregado a Deus. Para encurtar a história, em 20 de setembro de 2010, cheguei a DC para o que pensava ser um emprego dos sonhos,*

mas logo descobri que viera para DC para acordar do pesadelo de vinte anos e receber o amor, a alegria e a paz de Jesus Cristo.

Depois do testemunho de Josh, sou capaz de capturar um pouco de sua história com uma frase. *Vinte anos de uma fortaleza de ferro que desmoronou.* Não sei o que você construiu ao redor do seu coração, mas Deus quer fazer um trabalho completo. E essa obra começa deixando-o entrar. Entrar completamente.

Já não é hora?

Hora de responder à batida na porta do seu coração.

Hora de abrir a porta e convidar Jesus a entrar.

Hora de entregar-se completamente, com tudo o que você tem, àquele que é tudo em todos.

capítulo 17
Apenas uma decisão

Poucos norte-americanos marcaram a consciência coletiva dos Estados Unidos como Jonathan Edwards. Ele era um prodígio intelectual e entrou na Universidade de Yale aos 12 anos. E está enterrado na Universidade de Princeton, onde serviu como presidente até sua morte em 1758. Edwards escreveu dezenas de volumes, tanto teológicos como inspirativos. A biografia que ele publicou a respeito de David Brainerd inspirou inúmeros missionários a se entregarem completamente a Deus. E foi Jonathan Edwards quem despertou o primeiro grande avivamento da América com seu sermão intitulado "Pecadores nas mãos de um Deus irado". Seu maior legado, contudo, talvez seja sua descendência, que inclui mais de 300 ministérios e missionários, 60 escritores, 30 juízes, 14 reitores de universidades, 3 membros do Congresso e 1 vice-presidente.

Esse legado, como toda genealogia espiritual, retrocede a um momento definitivo.

Foi o momento de entrega total de Jonathan Edwards.

Em 12 de janeiro de 1723, Jonathan Edwards consagrou-se por escrito a Deus. Ele escreveu isso à mão em seu diário e retornou ao texto com frequência ao longo dos anos.

> Dediquei-me solenemente a Deus e escrevi esta dedicação: abro mão de mim mesmo e de tudo o que possuo em favor de Deus; pertenço, daqui por diante, não mais a mim mesmo; comprometo-me a agir como alguém que não tem direto sobre si, em todos os aspectos. E prometo solenemente fazer de Deus a minha porção e alegria; buscando nada mais, como parte da felicidade, nem agindo como se fosse.[1]

Juntamente com essa consagração solene a Deus, Edwards formulou 70 objetivos ou resoluções que se tornariam o fundamento de sua prática de fé.[2] Edwards retornava a elas uma vez por semana durante toda a vida.

Nada mudou.

Se você não esconder nada de Deus, Deus não esconderá nada de você.

Não há nada que Deus não possa fazer em uma pessoa e por meio de uma pessoa totalmente consagrada a ele. Nós queremos fazer coisas

---

[1] HICKMAN, Edward (Ed.). **The Works of Jonathan Edwards.** London: William Ball, 1839. 1:56.

[2] Embora eu não concorde com todas as resoluções tomadas por Edwards, creio que elas estabelecem tanto um padrão quanto um exemplo para seguirmos. Não adote apenas essas resoluções. Adapte-as. Faça a sua aliança. As resoluções encontram-se em "The Christian Walk: Jonathan Edwards Resolutions", disponível em: <www.apuritansmind.com/the-christian-walk/jonathan-edwards-resolutions>. Acesso em: 14 fev. 2013.

incríveis por Deus, mas essa não é tarefa nossa. É a tarefa de Deus. A nossa parte é entregarmos tudo o que somos e tudo o que temos ao Senhor Jesus Cristo. E, se fizermos a nossa parte, Deus com certeza fará a parte dele.

Por isso nos firmamos na mesma promessa de 3 mil anos que os israelitas receberam:

> *"Santifiquem-se, pois amanhã o Senhor fará maravilhas entre vocês".*[3]

Deus quer fazer maravilhas.
Ele só está esperando que nos santifiquemos.
Então o que você está esperando?
Você está a um passo de tomar a decisão por uma vida completamente diferente.
É agora ou nunca.
É tudo ou nada.
É tempo de entregar-se completamente, com tudo o que você possui, àquele que é tudo em todos.

---

[3] Josué 3.5.

<Complemento da nota de rodapé número 2 do capítulo 17>

1. Resolvi que farei tudo para a glória de Deus e para o meu bem, proveito e agrado, durante todo o tempo da minha vida, sem levar em consideração o tempo que isso exigirá, agora ou pela eternidade. Farei o que sentir ser o meu dever e tudo o que traga benefícios para a humanidade, não importando quantas ou quão grandes sejam as dificuldades que eu venha a enfrentar.
2. Resolvi que permanecerei na busca contínua de novas formas de promover as resoluções supracitadas.
3. Resolvi arrepender-me, caso um dia eu me torne menos responsável no tocante a estas resoluções, negligenciando uma ínfima parte de qualquer uma delas, e confessar cada falha individualmente assim que cair em mim.
4. Resolvi, também, nunca negar alguma maneira ou coisa difícil, seja no corpo, seja na alma, menos ou mais, que leve à glorificação de Deus; também não irei sofrê-la se tiver como evitá-la.
5. Resolvi jamais desperdiçar um só momento do meu tempo; pelo contrário, sempre buscarei formas de torná-lo o mais proveitoso possível.
6. Resolvi viver usando todas as minhas forças enquanto viver.
7. Resolvi jamais fazer alguma coisa que eu não faria, se soubesse que estava vivendo a última hora da minha vida.
8. Resolvi agir, tanto no falar quanto no fazer, como se não houvesse ninguém mais vil que eu sobre a terra, como se eu próprio houvesse cometido esses mesmos pecados ou apenas sofresse das mesmas debilidades e falhas que todos os outros; também nunca permitirei que tomar conhecimento dos pecados dos outros me venha trazer algo mais que vergonha sobre mim mesmo e uma oportunidade de poder confessar a Deus os meus pecados e a minha miséria.
9. Resolvi pensar e meditar, bastante e em todas as ocasiões, sobre a minha morte e as circunstâncias relacionadas com a morte.
10. Resolvi, sempre que experimentar e sentir dor, relacioná-la com as dores do martírio e também com as dores do inferno.
11. Resolvi que, sempre que pensar em qualquer teorema sobre a Divindade, fazer de tudo para resolvê-lo e entendê-lo imediatamente, caso nenhuma circunstância me impeça de fazê-lo.
12. Resolvi, assim que sentir um mínimo de gratificação ou deleite de orgulho ou de vaidade, eliminá-los de imediato.
13. Resolvi nunca cessar de buscar objetos precisos para a minha caridade e liberalidade.
14. Resolvi nunca fazer algo em forma de vingança.
15. Resolvi nunca sofrer nenhuma das menores manifestações de ira de seres irracionais.
16. Resolvi nunca falar mal de ninguém, de forma tal que afete a honra da pessoa em questão, nem para mais nem para menos, sob nenhum pretexto ou circunstância, a não ser que isso possa promover algum bem e gerar benefício real.
17. Resolvi viver de tal forma como se estivesse sempre vivendo o meu último suspiro.

18. Resolvi viver de tal forma, em todo o tempo, como vivo dentro dos meus melhores padrões de santidade privada e daqueles momentos em que tenho noção mais clara sobre o conteúdo de todo o evangelho e percepção do mundo vindouro.
19. Resolvi nunca fazer algo de que tenha receio de fazer uma hora antes de soar a última trombeta.
20. Resolvi manter a mais restrita temperança em tudo o que como e bebo.
21. Resolvi nunca fazer algo que possa ser contado como justa ocasião para desprezar ou mesmo pensar mal de alguém de quem se me aperceber algum mal.
22. Resolvi esforçar-me para obter para mim mesmo todo bem possível do mundo por vir, tudo quanto puder alcançar, com todo poder, vigor, veemência, ímpeto interior de que sou capaz, ou que puder me empenhar, de todas as formas possíveis.
23. Resolvi sempre tomar ações deliberadas, mesmo que pareçam improváveis, para a glória de Deus, e que possam retroceder à sua intenção e desígnios e propósitos originais; e, se eu perceber que não são para a glória de Deus, repudiá-las como um desdobramento da quarta resolução.
24. Resolvi que, sempre que enveredar e cair em um caminho de concupiscência e maldade, voltar atrás e achar em mim tudo quanto origina tal coisa. Depois, seguir por uma via cuidadosa e precisa de nunca mais tornar a fazer o mesmo e de orar e lutar de joelhos e com todas as minhas forças contra as origens de tais ocorrências.
25. Resolvi examinar sempre, cuidadosamente e de forma constante e precisa, qualquer coisa em mim que cause a mínima dúvida sobre o verdadeiro amor de Deus, e direcionar todas as minhas forças contra tal origem.
26. Resolvi destruir tais coisas, à medida que as veja abatendo a minha segurança.
27. Resolvi nunca omitir nada de livre vontade, a menos que essa omissão dê glória a Deus; irei, então e com frequência, rever todas as minhas omissões.
28. Resolvi estudar as Escrituras de modo tão firme, preciso, constante e frequente que me seja possível e que me aperceba de que estou crescendo no conhecimento real da Palavra.
29. Resolvi nunca ter como uma oração ou petição, nem permitir que passe por oração, algo que seja feito de tal maneira ou sob tais circunstâncias que me possa privar de esperar que Deus me atenda. Também não aceitarei como confissão algo que Deus não possa aceitar como tal.
30. Resolvi extenuar-me e esforçar-me ao máximo para, a cada semana, ser levado a um patamar mais real do meu exercício religioso, um patamar mais elevado de graça e aceitação em Deus, do que tive na semana anterior.
31. Resolvi nunca dizer nada que seja contra alguém, exceto quando tal coisa se ache de pleno acordo com a mais elevada honorabilidade evangélica e amor de Deus para com a humanidade, também de pleno acordo com o grau mais elevado de humildade e sensibilidade sobre os meus erros e falhas e de pleno acordo com aquela regra de ouro celestial; e, sempre que disser qualquer coisa contra alguém, colocar isso mesmo mediante a luz desta resolução convictamente.

32. Resolvi que deverei ser estrita e firmemente fiel à minha confiança, de forma que Provérbios 20.6 "[...] mas um homem fiel, quem poderá achar?" não se torne nem mesmo parcialmente verdadeiro a meu respeito.
33. Resolvi fazer tudo o que puder para tornar a paz acessível, possível de manter e estabelecer, sempre que isso não interfira em outros valores maiores e de aspectos mais relevantes. *26 de dezembro de 1722.*
34. Resolvi nada falar que não seja inquestionavelmente verídico e realmente verdadeiro em mim.
35. Resolvi que, sempre que me questionar se cumpri todo o meu dever, de tal forma que a minha serenidade e paz de espírito sejam ligeiramente perturbadas por isso, devo apresentá-lo diante de Deus e depois verificar como tal problema foi resolvido. *18 de dezembro de 1722.*
36. Resolvi nunca dizer nada de mal sobre ninguém, a menos que algum bem particular nasça disso. *19 de dezembro de 1722.*
37. Resolvi inquirir todas as noites, ao deitar-me, onde e em quais circunstâncias fui negligente, que atos cometi e onde fui capaz de negar a mim mesmo. Também farei o mesmo ao fim de cada ano, mês e semana. *22 e 26 de dezembro de 1722.*
38. Resolvi nunca mais dizer nada, nem falar nada, sobre algo que seja ridículo ou questão de zombaria no dia do Senhor. *Noite de sábado, 23 de dezembro de 1722.*
39. Resolvi nunca fazer algo sobre o qual possa questionar a lealdade e a conformidade à lei de Deus, para mais tarde verificar se é lícito fazer ou não tal coisa, a menos que a omissão de questionar me seja tornada lícita.
40. Resolvi inquirir todas as noites, antes de adormecer, se fiz as coisas da maneira mais aceitável que poderia ter feito, em relação a comer e beber. *7 de janeiro de 1723.*
41. Resolvi inquirir a mim mesmo no final de cada dia, semana, mês e ano, onde e em que áreas eu poderia haver agido melhor e mais eficazmente. *11 de janeiro 1723.*
42. Resolvi que, com frequência, renovarei a minha dedicação a Deus, o mesmo voto que fiz no meu batismo, o qual renovei quando fui recebido na comunhão da igreja e o qual reassumo solenemente neste dia *12 de janeiro de 1722-23.*
43. Resolvi que, a partir daqui, até que eu morra, nunca mais agirei como se pertencesse a mim mesmo de algum modo, mas permanecerei inteiramente pertencente a Deus, como se cada momento da minha vida fosse um dia normal de culto a Deus. *Sábado, 12 de janeiro de 1723.*
44. Resolvi que nenhuma área desta vida terá nenhuma influência sobre alguma das minhas ações, a não ser a vida para Deus, e que nenhuma ação ou circunstância distinta da religião seja a que me leve a concretizá-las. *12 de janeiro de 1723.*
45. Resolvi também que nenhum prazer ou deleite, dor, alegria ou tristeza, nenhuma afeição natural, nenhuma das suas circunstâncias correlacionadas, me sejam permitidos, a não ser aquilo que promova a piedade. *12 e 13 de janeiro de 1723.*
46. Resolvi nunca mais permitir nenhuma medida de qualquer forma de inquietude e falta de vontade diante da minha mãe e do meu pai. Resolvi nunca mais sofrer nenhum de

seus efeitos de vergonha, muito menos alterações de voz, motivos e movimentos de olhar, e de ser especialmente vigilante acerca dessas coisas quando relacionadas com alguém da minha família.

47. Resolvi fazer tudo a meu alcance para me negar tudo quanto não esteja simplesmente disposto e de acordo com uma paz benévola, universalmente doce e meiga, repleta de quietude, hábil, contente e satisfeita em si mesma, generosa, real, verdadeira, simples e fácil, cheia de compaixão, laboriosa e empreendedora, cheia de caridade, equilibrada, perdoadora, formulada por um temperamento sincero e transparente; e também farei tudo quanto tal temperança e temperamento me levem a fazer. Examinarei e serei severo nesse exame cada semana se por acaso assim fiz e pude fazer. *Sábado de manhã, 5 de maio de 1723.*

48. Resolvi, constantemente, com muita diligência e minuciosidade e escrutínio severo, olhar o estado real da minha alma, verificando por mim mesmo se realmente mantenho um interesse genuíno e real por Cristo ou não; para que, quando eu morrer, não tenha nada de que me arrepender a respeito de negligências deste tipo. *26 de maio de 1723.*

49. Resolvi que tal coisa (de não ter afeto por Cristo) nunca aconteça, se eu puder evitar de alguma maneira.

50. Resolvi que sempre agirei de tal maneira que julgarei e pensarei como o faria no mundo vindouro. *5 de julho de 1723.*

51. Resolvi que agirei de tal forma, em todos os sentidos, como desejaria ter feito quando me achasse numa situação de condenação eterna. *8 de julho de 1723.*

52. Com muita frequência, ouço pessoas de certa idade avançada falar como viveriam sua vida de novo caso lhes fosse dada uma segunda oportunidade. Resolvi viver a minha vida agora e já, tal qual eu desejaria vivê-la caso me achasse em situação de vivê-la de novo, como eles, caso eu chegue a uma idade avançada como a deles. *8 de julho de 1723.*

53. Resolvi aprimorar cada oportunidade, sempre que me possa achar num estado de espírito sadio e alegremente realizado, para lançar a minha alma sobre o Senhor Jesus Cristo, confiar e consagrar-me inteiramente a ele; e a partir dali que eu possa experimentar que estou seguro e assegurado, sabendo que persisto em confiar no meu Redentor. *8 de julho de 1723.*

54. Sempre que ouvir falar algo sobre alguém que seja digno de louvor e dignificante e o possa ser em mim também, resolvi realizar tudo para conseguir o mesmo em mim e por mim. *8 de julho de 1723.*

55. Resolvi tudo fazer como o faria caso já tivesse experimentado toda a felicidade celestial e todos os tormentos do inferno. *8 de julho de 1723.*

56. Resolvi nunca desistir de vencer por completo qualquer das minhas corrupções que ainda possam existir, nem nunca me tornar permissivo em relação ao mínimo de suas aparências e sinais, tampouco me desmotivar em nada, caso me ache numa senda de falta de sucesso nessa mesma luta.

57. Resolvi que, quando eu temer adversidades ou maus momentos, irei examinar-me e ver se tal não se deve a não ter cumprido todo o meu dever e cumprir a partir de então;

e permitir que tudo mais na minha vida seja providencial para que eu possa apenas estar e permanecer inteiramente absorvido e envolvido com o meu dever e o meu pecado diante de Deus e dos homens. *9 de junho e 13 de julho de 1723.*

58. Resolvi não apenas extinguir nem que seja algum leve ar de antipatia, simpatia fingida que encobre o meu estado de espírito, impaciência em conversação, mas também e antes poder exprimir um verdadeiro estado de amor, alegria e bondade em todos os meus aspectos de vida e conversação. *27 de maio e 13 de julho de 1723.*

59. Resolvi que, sempre que estiver consciente de provocações de má natureza e de mau espírito, me esforçarei para antes evidenciar o oposto disso mesmo, em boa natureza e maneira; sim, que, em tempos como esses, manifestar a boa natureza de Deus, achando, no entanto, que em algumas circunstâncias tal comportamento me traga desvantagens e que, também, em algumas outras circunstâncias, seja mesmo imprudente agir assim. *12 de maio, 2 e 13 de julho de 1723.*

60. Resolvi que, sempre que os meus sentimentos começarem a parecer minimamente desordenados, sempre que eu me tornar consciente da mais ligeira inquietude interior, ou da mínima irregularidade exterior, me submeterei de pronto ao mais estrito e minucioso exame e avaliação pessoal. *4 e 13 de julho de 1723.*

61. Resolvi que a falta de predisposição nunca me tornará relaxado nas coisas de Deus e nunca conseguirá retirar a minha atenção total de estar plenamente fixada e afixada só em Deus, exista a desculpa que existir para me tentar; tudo o que a falta de predisposição me instiga a fazer abre-me o caminho do oposto para fazer. *21 de maio e 13 de julho de 1723.*

62. Resolvi nunca fazer nada a não ser como dever; e, depois, de acordo com Efésios 6.6-8, fazer tudo voluntária e alegremente como que para o Senhor e nunca para homem; "[...] porque vocês sabem que o Senhor recompensará cada um pelo bem que praticar, seja escravo, seja livre". *25 de junho e 13 de julho 1723.*

63. Supondo que nunca tenha existido nenhum indivíduo neste mundo, em nenhuma época do tempo, que nunca haja vivido uma vida cristã perfeita em todos os níveis e possibilidades, tendo o cristianismo sempre brilhado em todo o seu esplendor, e parecendo excelente e amável, mesmo sendo essa vida observada de qualquer ângulo possível e sob qualquer pressão, resolvi agir como se pudesse viver essa mesma vida, mesmo que tenha de me esforçar no máximo de todas as minhas capacidades inerentes e mesmo que seja o único no meu tempo. *14 de janeiro e 3 de julho de 1723.*

64. Resolvi que, quando experimentar em mim aqueles "gemidos inexprimíveis" de Romanos 8.26, os quais o apóstolo menciona e dos quais o salmista descreve como "A minha alma consome-se de perene desejo das tuas ordenanças", em Salmos 119.20, que os promoverei também com todo o vigor existente em mim e que não me "cansarei" (Is 40.31) no esforço de dar expressão aos meus desejos mais profundos, nem me cansarei de repetir esses mesmos pedidos e gemidos em mim, nem o de fazer numa seriedade contínua. *23 de julho e 10 de agosto de 1723.*

65. Resolvi que me tornarei exercitado em mim mesmo durante toda a minha vida, com toda a franqueza que é possível, a sempre declarar os meus caminhos a Deus e abrir toda a

minha alma a ele: todos os meus pecados, tentações, dificuldades, tristezas, medos, esperanças, desejos e toda outra coisa sob qualquer circunstância; tal como o dr. Manton diz em seu sermão nº 27, baseado em Salmos 119. *26 de julho e 10 de agosto de 1723.*

66. Resolvi que sempre me esforçarei para manter e revelar todo o lado benigno de todo semblante e modo de falar em todas as circunstâncias de toda a minha vida e em qualquer tipo de companhia, a menos que o dever de ser diferente exija de mim que seja de outra maneira.
67. Resolvi que, depois de situações aflitivas, avaliarei em que aspectos me tornei diferente por causa delas, em quais aspectos melhorei o meu ser e que bem me adveio dessas mesmas situações.
68. Resolvi confessar abertamente tudo aquilo em que me acho enfermo ou em pecado e também confessar todos os casos abertamente diante de Deus e implorar a necessária condescendência e ajuda dele até nos aspectos religiosos. *23 de julho e 10 de agosto de 1723.*
69. Resolvi fazer tudo aquilo que, vendo os outros fazerem, possa haver desejado ter sido eu a fazê-lo. *11 de agosto de 1723.*
70. Que haja sempre algo de benevolência toda vez que eu fale. *17 de agosto de 1723.*

Esta obra foi composta em *Arno Pro*
e impressa por Yangraf sobre papel
Offset 70 g/m² para Editora Vida.